Kennen Sie die Bergstraße?

Regionalführer

Autoren:
Charlotte Ickler
Isolde Nees
Robin Markowski
Gerty Mohr
Anja Spangenberg
Manuel Stangorra
Barbara Zeizinger

Weststadt

Herausgeber: Weststadt Verlag
Fotos: siehe Verzeichnis
Karten und Pläne: siehe Verzeichnis
Layout, Satz und Gestaltung: Lindenmayer+Lehning, Darmstadt
Druck und Bindung: TZ-Verlag & Print GmbH, Roßdorf

ISBN 978-3-940179-10-4

Inhalt

Die Bergstraße – eine vom Himmel begünstigte Landschaft

Von der Natur verwöhnt ist die geschichtsträchtige Gegend an der Bergstraße, die von Darmstadt bis Heidelberg entlang der Rheinebene führt. Im Osten wird sie gesäumt von der mit Burgen bekrönten Hügelkette des Odenwaldes, deren höchste Erhebung, der ‚Melibocus', eine Höhe von 517 Metern ausweist. Erste Besiedlung gab es ab 2500 vor Christus, die Römer nutzten den Weg als Handels- und Heerstraße und im Mittelalter wird sie ‚strata montana' genannt. Die Sonnenlage beschert der Landschaft einen frühen Einzug des Frühlings. Bereits im März erblühen Mandel-, Kirsch- und Pfirsichbäume und überziehen die Hänge mit üppiger Blütenpracht. Die Ortschaften mit ihren malerischen Marktplätzen, mit Fachwerkbauten und beeindruckenden Rathäusern, bieten eine Vielfalt an geschichtlichen und kulturellen Zeugnissen. So war, um aus der Vielfalt einige Beispiele zu nennen, Ladenburg Hauptstadt im römischen Gebiet, das Kloster Lorsch ein religiöses, wirtschaftliches und machtpolitisches Zentrum, in Auerbach gab es ein landgräfliches Kurbad und in Darmstadt wurde eine Künstlerkolonie im Jugendstil erbaut.

Die durchschnittliche Jahrestemperatur beträgt 10° C, früh setzt der Frühling und spät der Herbst ein, reichlich scheint die Sonne und es gibt genügend Niederschlag. Insgesamt optimale Bedingungen für den Weinanbau auf den windgeschützten Bergrücken des Odenwaldes. Eine alte Bauernregel besagt, die Weinrebe benötige 1300 Sonnenstunden im Jahr. Das wird an der Bergstraße regelmäßig weit überschritten und so fordert es diese vom Himmel begünstigte Landschaft geradezu heraus, Reben zu pflanzen und im Herbst die Trauben zu keltern. Vermutlich waren es die Römer, die den Weinstock nach Germanien brachten. Im Jahr 281 beorderte Kaiser Probus unbeschäftigte Soldaten zum Weinanbau in die nördlichen Provinzen, womit der Anfang gemacht war. Mit der Christianisierung bekam der Wein weitere Bedeutung. Die Kirche benötigte ihn für das Messopfer und die Klöster, die in jenen Zeiten die Gasthäuser ersetzten, brauchten ihn in großer Menge. Der Wein wurde zum Volkstrank, denn er war billiger als Bier. Das damalige Weingetränk würde uns heute aber kaum gemundet haben. Es war sauer, man verdünnte es und setzte neben Würzkräutern noch tüchtig Honig zu. Auch der römische Wein hätte uns vermutlich nicht geschmeckt, denn die Römer liebten ihn betont rauchig. Was sie erzielten, in dem sie ihre mit Wein gefüllten Amphoren über der Küche in der kleinen ‚apotheca' lagerten, sodass Herd- und Küchendünste darüber streichen konnten. Die Bergsträßer Weine haben vom Klima begünstigt eine besondere Qualität. Nicht Masse, sondern Klasse wird hier produziert, lautet eine selbstbewusste Aussage. Die Löss-, Sandstein- und Granitböden besitzen genügend Nährstoffe und die Strahlen der Sonne sind nicht sengend, sondern wärmend, was insgesamt hervorragende Voraussetzungen sind. So lässt der Sandlössboden den Wein fruchtig, saftig und schlank werden, aus dem Sandsteinboden wird ein lebendiger Wein mit spritziger Säure gewonnen und der Wein aus dem Grandiorit-Boden ist geprägt von feinen Fruchtaromen und hat eine dezente Eleganz. Einen Querschnitt durch die verschiedenen Schichten der Weinbergböden, bis in 1,5m Tiefe, zeigt eine interessante Darstellung, die außen am Gebäude der Winzergenossenschaft in Heppenheim angebracht ist.

Es besteht eine Aufteilung in die Anbaugebiete Hessische Bergstraße mit den Großlagen Rott um Alsbach, Zwingenberg und Bensheim, der Großlage Wolfsmagen um Bensheim und der Großlage Schlossberg um Heppenheim. Nicht vergessen werden darf die zum Bergsträßer Wein gehörende Odenwälder Weininsel um die Orte Groß-Umstadt und Rossdorf mit den Weinlagen Stachelberg, Steingerück, Herrnberg und Rossberg.

Die Badische Bergstraße gehört zum Weinanbaugebiet Baden und ist mit 400 ha der kleinste Bereich. Der Wein an den Hängen auf Lehm- und Lössböden und über den Porphyr-Steinbrüchen ist mineralhaltig und vollmundig. So verwundert es nicht, dass sich neben dem Spätburgunder besonders der Riesling auf den Urgesteinsböden wohlfühlt. Das Anbaugebiet der Badischen Bergstraße umfasst die Großlagen Weinheim, Großsachsen, Leutershausen, Schriesheim, Dossenheim und Heidelberg. Spezielle Weinproben bietet die Winzergenossenschaft Schriesheim zusätzlich in der Schlossberg-Hütte inmitten der Weinberge.
Auch Sekt und Perlwein ist im Angebot. Die Bergstraesser Winzer haben den Primasecco kreiert und von der Badischen Bergstraße kommt der Schriesecco.

Herbst an der Bergstraße

Zum Erkunden der Bergstraßen-Hügel mit den Burgen, den Weinbergen und der interessanten Landschaft bieten sich von den Verbänden, den Gemeinden und den Winzergenossenschaften markierte Wege an. Dabei kann man die herrliche Landschaft entdecken und erfährt so manches über das Gebiet, über die Natur, die Bergbauten und über den Weinbau. Wussten Sie, dass man im Wein Diamanten finden kann? So nennt man die Weinkristalle, die sich bei einer chemischen Verbindung im Kühlhaus entwickeln können.

Isolde Nees

Eine Auflistung der Wander- und Erlebniswege finden Sie auf Seite 200.

Eine Auflistung der Veranstaltungen und Feste finden Sie auf Seite 203.

Darmstadt

Route Stadtmitte

Luisenplatz – Ludwigsmonument – Alice-Denkmal – St. Ludwigskirche – Staatstheater – Georg-Moller-Haus – Synagoge – Ludwigsplatz – Altes Pädagog – Datterich-Brunnen – Stadtkirche – Marktplatz – Residenzschloss – Haus der Geschichte – Friedensplatz – Weißer Turm

Von Isolde Nees

Luisenplatz

Kollegiengebäude

Rund um eine Wasserburg der Grafen zu Katzenelnbogen entstand die Ansiedlung Darmundestat, die 1330 die Stadtrechte erhielt. 1567 machte Landgraf Georg I. Darmstadt zu seiner Residenz. Ende des 19. Jahrhunderts war es Großherzog Ernst Ludwig, der den Ruf Darmstadts mit dem Gesamtkunstwerk des Jugendstils auf der Mathildenhöhe weit über die Grenzen des Landes hinaus bekannt machte.

Unser Startpunkt ist der im Barock konzipierte **Luisenplatz** mit dem **Ludwigsmonument**, errichtet 1842–44 nach Entwürfen von Georg Moller. Wir werfen einen Blick auf die beiden **Springbrunnen** (J. M. Olbrich, 1907) rechts und links der Straßenbahnen – der Luisenplatz ist der Dreh- und Angelpunkt des Personennahverkehrs – und betrachten in der Nordostecke das 1913 von H. Jobst geschaffene **Liebig-Denkmal**, das eine Verbindung von Wissenschaft und Natur demonstriert. Im Norden steht das **Kollegiengebäude**. Es entstand

St. Ludwig

Alice-Denkmal, St. Ludwig

1778–81 nach Plänen von Cancrin als Sitz der Ministerien.
Wir gehen in südlicher Richtung durch die Wilhelminenstraße, vorbei am **Luisencenter**, in dem sich auch die Touristinformation befindet, und leicht bergan kommen wir zum Wilhelminenplatz und mit dem erhöht stehenden **Alice-Denkmal** (Ludwig Habich, 1902), das zu Ehren der Großherzogin Alice errichtet wurde. Der Obelisk wird von vier allegorischen Frauengestalten – Freundschaft, Liebe, Glück, Harmonie – getragen. Der Platz wird beherrscht von dem klassizistischen Kuppelbau der **St. Ludwigskirche,** die nach dem Vorbild des Pantheon in Rom entstand (Georg Moller 1822–27). In dem beeindruckenden Sakralraum im Inneren tragen 28 korinthische Säulen eine Kuppel von 33m Durchmesser. Im Hochchor ist ein Engelmosaik zu sehen (C. Schrack-Braun, 1960).
Rechts, am Ende der Grünanlage, sehen wir vor uns das **Staatstheater** (Rolf Prange, 1972) und auf der linken Parkseite befindet sich das **Georg-Moller-Haus**. Von dem 1818 von Moller für die Freimaurervereinigung errichteten Saalbau blieb nur der Portikus von den Kriegsbomben

Touristinformation
Luisenplatz/Luisencenter

Geöffnet
Mo–Fr 10–18, Sa 10–16 Uhr
In der Sommerzeit:
So 10–14 Uhr

Tel. 0 61 51-13 45 13

Großherzogin Alice (1843 – 1878), Tochter der englischen Queen Victoria und Ehefrau von Großherzog Ludwig IV, war liberal, demokratisch und sozial gesonnen. Sie gründete ein Krankenhaus, eine Schwesternschaft, einen Frauenverein und eine Schule.

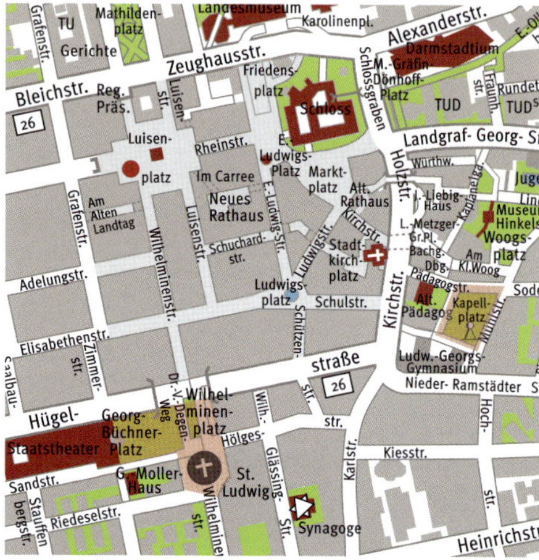

© Vermessungsamt Darmstadt

● Routenstart

verschont und dem 1966 errichteten Tagungsbau vorgeblendet.

Wir gehen weiter in Richtung Osten bis zur Wilhelm-Glässing-Straße. Hier bildet seit 1988 die neue **Synagoge** einen Akzent im Stadtbild. Die fein nuancierende Außenarchitektur von A. Jakoby blüht im Inneren mit den Glasfenstern von B. Clarke farbig auf. Wir kehren um, gehen die Wilhelm-Glässing-Straße zurück, kommen

Staatstheater Darmstadt

Altes Pädagog

Bismarck-Denkmal Ludwigsplatz

zur Hügelstraße, der wir bis zur Unterführung folgen. Die Schützenstraße führt uns zum **Ludwigsplatz**, einem der idyllischen Plätze der Innenstadt. Zentral die reizvolle **Jugendstil-Brunnenanlage** über der sich das **Bismarck-Denkmal** (L. Habich, 1905) erhebt. Entlang der Schulstraße kommen wir zur Kirchstraße. Zur Überquerung nutzen wir den Fußgängertunnel, gelangen auf der anderen Seite zur Pädagogstraße und stehen bald darauf vor dem **Alten Pädagog**, das 1627–29 unter Landgraf Georg II nach Entwürfen von J. Müller von S. Pfannmüller erbaut wurde. Der Renaissancebau war Sitz der ersten Lateinschule der Stadt. Der Treppenturm ist dem Gebäude asymmetrisch vorgelegt und wird von einer schiefergedeckten Haube mit Laterne abgeschlossen. Berühmte Schüler waren unter anderen der Dramatiker Georg Büchner, der Physiker Georg Christoph Lichtenberg, der Mundartdichter Ernst Elias Niebergall und der Dichter Stefan George.

Wir steigen gegenüber des Alten Pädagogs die Treppe hinunter und kommen zur ehemaligen ‚Insel', wo der **Niebergall-Brunnen**

Volksbank-Filiale
Hügelstr. 8–20

Der Darmstädter Mundartdichter **Ernst Elias Niebergall** (1815–1843) erlangte Berühmtheit durch seine Lokalposse ‚Der Datterich'. Er verfasste auch das Lustspiel ‚Des Burschen Heimkehr oder der tolle Hund'.

Stadtkirche

(W. Habicht, 1930) die Erinnerung an die biedermeierliche Altstadt wach hält. Auf dem Platz befindet sich auch das Denkmal **‚Gegen das Vergessen'** der NS-Verbrechen an Sinti und Roma (Bernhard&Meyer, 1998), die Freiplastik aus Bronze **‚Der große Tanzschritt'** (G. Manzu, 1965) und die Bronze-Plastik **‚Buchhändler'** (M. Schwarze, 1983). Wir gehen am **Justus-Liebig-Haus** (Sitz der Volkshochschule, der Stadtbibliothek mit Erweiterungsbau), dem frühen Typus eines ‚Bürgerhauses', vorbei und finden etwas versteckt dahinter den **Datterich-Brunnen** (Bonifatius Stirnberg, 1982) mit beweglichen Figuren, die auf dem runden Brunnenrand ganze Szenen aus der Mundartkomödie von Ernst Elias Niebergall darstellen.

Über den Kleinschmidt-Steg kommen wir zum Marktplatz, von dem aus wir nach links in die Kirchstrasse einbiegen. Vorbei am Hotel-Restaurant Bockshaut, dem früheren Gasthaus Bockshaut mit Gerberei und zugleich dem Elternhaus von **Georg Gottfried Gervinus**, gelangen wir zur **Stadtkirche.** Der Bau geht auf eine Marienkapelle zurück, von der sich nur der Unterbau des Turms erhalten hat. Das Langhaus entstand in der Spätgotik um 1430 und unter dem Chor wurde die **Fürstengruft** eingerichtet. Im 19. Jahrhundert wurde das Gotteshaus nach Plänen von Georg Moller erweitert. Bemerkenswert im Inneren sind die Schlusssteine im spätgotischen Netzgewölbe. Ein 9m hohes Alabaster-Epitaph (P. Osten, 1587) beherrscht den Chorraum. Im Sockel ist zwischen figürlichem und ornamentalem Schmuck eine Widmungstafel angebracht. Darüber, im Zentrum der Gekreuzigte, kniet zu dessen Füßen die Stifterfamilie.

Der Literaturhistoriker und Politiker **Georg Gottfried Gervinus** (1805–1871) verfasste u.a. die achtbändige ‚Geschichte des 19. Jahrhunderts seit den Wiener Verträgen'.

Altes Rathaus

Wir gehen die Kirchstraße zurück und gelangen zum **Marktplatz**, der seit 1330 ein wichtiges Handelszentrum der Stadt und im 17. Jahrhundert auch der zentrale Gerichtsort war. Umbaut war der Platz mit Adelspalais und herrschaftlichen Wohn und Geschäftshäusern. Von der ehemaligen Bebauung ist nur das **Alte Rathaus** (J. Wustmann, 1590) nach der Zerstörung wieder aufgebaut worden. Markante Details der Renaissancearchitektur sind die geschweiften Giebel. Der **Marktbrunnen** war bis ins 16. Jahrhundert die einzige öffentliche Wasserversorgungsstelle. Zunächst war der 1486 erstmals erwähnte Brunnen aus Holz und wurde 1780 bis 1782 durch einen steinernen Brunnen ersetzt. Am Südwestende des Platzes steht die Plastik **‚Der Berserker'** von W. Grzimek (1976–79).

‚Der Berserker'

Vor uns liegt das **Residenzschloss**, der ehemalige Verwaltungssitz der Landgrafen und danach, von 1806 bis 1919, der Großherzöge von

Residenzschloss, Ansicht vom Marktplatz

Glockenbau

Hessen-Darmstadt. In der Toreinfahrt stehen Landgrafenstandbilder von Philipp dem Großmütigen und Georg I. (J. B. Scholl, 1845) als 3m hohe Sandsteinmonolithe. Die Ursprünge des Schlosses liegen in der Mitte des 13. Jahrhunderts, als die Grafen von Katzenelnbogen eine von einem breiten Graben umgebene Wasserburg errichteten und nach und nach innerhalb der Anlage weiter ausbauten. Nachdem Darmstadt den Landgrafen von Hessen zugefallen war, zog 1567 Landgraf Georg I. hier ein und nahm weitere Um- und Ausbauten an seinem Residenzschloss vor. 1627 entstand das Nordtor mit einem üppig geschmückten Mittelteil: Masken am Untergeschoss, zwei wappentragende Löwen am Obergeschoss, Schrifttafeln aus Schiefer und als Bekrönung zwei Obelisken. Eine bedeutende Erweiterung erhielt das Schloss unter Landgraf Ludwig VI, der zusätzlich zu dem bereits vorhandenen **Herrenbau, Weiße-Saal-Bau, Kirchenbau** und **Kaisersaal-**

bau, den **Glockenbau** (J. W. Pfannmüller, 1663–1671) errichten ließ. Heute befindet sich hier das Schlossmuseum. Die offene Glockenstube des Turms auf dem viergeschossigen Gebäude enthält ein **Glockenspiel**. Zu Beginn des 18. Jahrhunderts beauftragte Landgraf Ernst Ludwig den Architekten Louis Remy de la Fosse den Plan einer neuen, gigantischen Schlossanlage vorzulegen. Dieser sah den Abriss sämtlicher Altbauten vor, das **Neue Schloss** sollte ein Turm von 75m Höhe überragen. Als de la Fosse 1726 starb, stand das Projekt erst im Rohbau fertig und die Ausführung blieb schließlich auf zwei Flügel beschränkt.

Durch das Nordtor gelangen wir auf den Karolinenplatz und stehen vor dem **Haus der Geschichte** (G. Moller, 1817). Das ehemalige Hoftheater wurde ausgesprochen einfach und mit Ausnahme des Portikus fast schmucklos geplant. Das 1918 in Landestheater umbe-

Haus der Geschichte

Karolinenplatz

Landesmuseum

nannte Haus, errang in den folgenden Jahren den Ruf einer Bühne der deutschen Avantgarde. Nach einer umfassenden Restaurierung in den 1990er Jahren sind heute hier das **Stadtarchiv** und das **Hessische Staatsarchiv** untergebracht. Auf der linken Seite sehen wir das **Hessische Landesmuseum** (A. Messel, 1897–1902), einen Bau, in dem Barock und Jugendstil eine Synthese eingehen. Den Außenbereich bewachen zwei Bronzelöwen neben zwei Fahnenmasten, an deren Sockel weibliche und männliche Genien Lorbeerkränze halten (H. Jobst, 1912). An der Westseite entstand 1980–84 ein Erweiterungsbau von R. Kargel. Das Museum wird derzeit umgebaut und soll mit einem großen Neubau erweitert werden.

Wir überqueren die breite Zeughausstraße und betreten den **Friedensplatz**, der die räumliche

Leibgardistendenkmal, Friedensplatz

Reiterdenkmal

Verbindung zwischen Schloss und Landesmuseum darstellt. Entlang der Schlossgrabenmauer gelangen wir zu einer Nische mit dem **Leibgardistendenkmal** (H. Jobst, 1928), einen tödlich verwundeten Löwen darstellend und sehen am südlichen Ende des Platzes das **Reiterdenkmal** Großherzogs Ludwig IV (F. Schaper, 1898). Es zeigt den Fürsten als Kommandeur der hessischen Division, die er im Krieg gegen Frankreich führte.

An der Südseite des Ernst-Ludwig-Platzes, gegenüber dem Reiterdenkmal, befindet sich der **Weiße Turm,** ein ehemaliger Eckturm der mittelalterlichen Stadtbefestigung. Er wurde im 15. Jahrhundert als begehbarer Wehrturm erbaut. Zugleich diente das nur von oben zugängliche Tiefgeschoss als Kerker, in den man die Gefangenen durch eine Luke an einem Strick abseilte. 1708 wurde der Turm erhöht und mit einem barocken Helm abgeschlossen. Von hier aus sind wir, ein kurzes Stück entlang der Rheinstraße in westlicher Richtung, wieder am Luisenplatz angelangt.

Weißer Turm

Darmstadt

Route Mathildenhöhe

Darmstadtium – Ledigenheim – Mathildenhöhe – Hochzeitsturm – Ausstellungsgebäude – Platanenhain – Russische Kapelle – Künstlerhäuser – Ernst-Ludwig-Haus

Wir beginnen den Weg zur Mathildenhöhe gegenüber vom Schloss, lassen das Kongreßzentrum ‚**Darmstadtium**' links liegen und wandern entlang der Erich-Ollenhauer-Promenade. Auf unserem Weg, der leicht hügelan führt, sehen wir die Freiplastik aus Eisen **‚Mahnmal für die Opfer der Gewaltherrschaft'** (Th. Duttenhoefer, 1989), die Bronze-Figur **‚Adam'** (R. Heß, 1973), die Freiplastik aus eloxiertem Aluminium **‚Die fortwährende Wiederkehr'** (H. Mack, 1970), die Bronzeplastik **‚Mädchenfigur'** (G. v. Kovats, 1945–46), die Freiplastik aus Bronze **‚Stürzender Reiter'** (1974) und weiter oben, in Erinnerung an den Dichter Karl Wolfskehl (1869–1948) **‚Gefesselter II'** (1960), beide Waldemar Grzimek.

Nach Überquerung der Pützerstraße liegt rechter Hand das **Ledigenheim** (E. Neufert,

Kongresszentrum darmstadtium

Ledigenheim

1952–55), das zu den fünf realisierten Meisterbauten gehört und durch die lebhafte Struktur der mit dunklen Hartbrandsteinen verblendeten Außenwände besticht. Wir kommen vorbei am Paula-Ludwig-Platz mit den beiden **Sandsteinbrunnen** (J. M. Olbrich, 1905) und der Figur **‚Badende'** (B. Hoetger, 1911–12) und stehen am Fuß des ehemaligen Weinbergs und späteren Landschaftsparks, der Ende des 19. Jahrhunderts eine neue Bedeutung erhielt, als Großherzog Ernst-Ludwig sich vornahm, der sich zu dieser Zeit in Europa entwickelnden modernen Kunst einen Ort zu geben, um sich zu präsentieren. Er fand die Mathildenhöhe geeignet, be-

● Routenstart

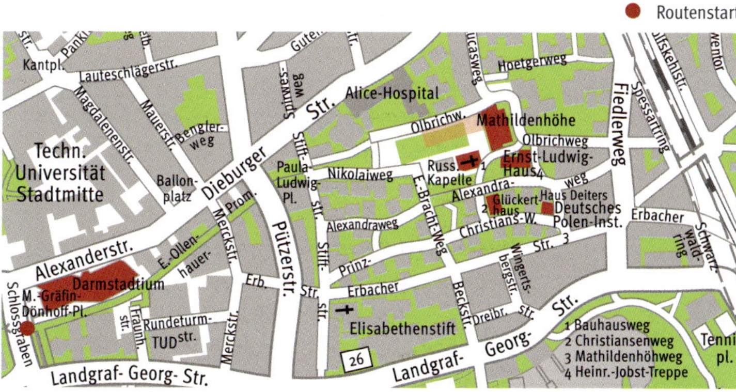

Mathildenhöhe

rief 1899 sieben Künstler und beauftragte sie, eine Künstlerkolonie zu errichten. In den nun folgenden Jahren entstanden Wohnhäuser, ein Atelier, Ausstellungshallen, der Hochzeitsturm und einige temporäre ausstellungsrelevante Gebäude. Die erste Ausstellung ‚Ein Dokument Deutscher Kunst' fand 1901 statt und lockte viele Besucher nach Darmstadt.

Wir beginnen den Rundgang vor dem Eingang zum **Hochzeitsturm** (Joseph Maria Olbrich, 1907–08), einem Geschenk der Darmstädter Bürger zur Vermählung von Großherzog Ernst Ludwig mit Eleonore von Solms-Hohensolms-Lich. Das Relief über dem Eingangsportal zeigt neben der Personifikation der vier Herrschertugenden Stärke, Weisheit, Gerechtigkeit und Milde, auch die Wappen des Großherzogs und der Großherzogin und eine Widmungsinschrift. Die Eingangshalle schmücken zwei Mosaikbilder von Kleukens (1914). Im Kuss verschmelzen zwei überirdische Wesen zu einem ornamen-

Mosaik in der Eingangshalle Hochzeitsturm, F. W. Kleuken

Schwanentempel

talen Gefüge in Blau und Gold. Gegenüber erscheint die Glücksgöttin mit Füllhörnern voller Rosen.

Direkt angebaut an den Turm befindet sich das ebenfalls von Olbrich entworfene **Ausstellungsgebäude,** das 1908 für die Hessische Landesausstellung fertiggestellt wurde. Auf der oberen Brüstung und auf der Terrasse befinden sich von Bernhard Hoetger geschaffene Statuen, die aus dem Schattenbereich entnommenen Charaktereigenschaften Wut und Rache, Hass und Geiz verkörpern. Unterhalb, am Treppenabgang zum Alexandraweg sehen wir den 1914 entworfenen **Schwanentempel**, der ursprünglich als Musikpavillon gedacht war.

Joseph Maria Olbrich (1867 – 1908) arbeitete nach seiner Ausbildung an der Staatsgewerbeschule in Wien, zunächst als Architekt und Bauleiter und übersiedelte 1899 nach Darmstadt, wohin Großherzog Ernst Ludwig ihn gerufen hatte, um auf der Mathildenhöhe die Bauleitung für die geplante Künstlerkolonie zu übernehmen.

Deckenmosaik im Vorhallenbau

Platanenhain

Kleines Haus Glückert und Großes Haus Glückert

Als **Bernhard Hoetger** 1911 an die Künstlerkolonie berufen wurde, hatte er bereits große Anerkennung als Bildhauer, Architekt, Maler, Grafiker und Entwerfer für Möbel und Gebrauchsgegenstände erworben.

Vom Hochzeitsturm aus gelangen wir in den **Platanenhain**, der bereits 1830 angelegt worden war. 1914 stattete der Bildhauer Bernhard Hoetger ihn mit Skulpturen und Reliefs aus und wählte als Thema den immerwährenden Kreislauf des Lebens. An der Ostseite des Hains befindet sich ein mit Rheinkieseln gestalteter **Brunnen** und den Zugang an der Südseite zum Platanenhain flankieren zwei Pfeiler mit einem Silberlöwen und einem Leoparden.
Wir stehen am Rand des **Wasserbeckens** (Albin Müller, 1914) mit Außenmauer, gedrungenen dorischen Säulen und auf der Brüstung die

Wasserbecken und Russische Kapelle Maria Magdalena

Ernst-Ludwig-Haus

Haus Behrens

Skulpturen Maria und Joseph (B. Hoetger). Die **Russische Kapelle Maria Magdalena** (1897–99) ließ Zar Nikolaus II. von dem Petersburger Architekten Louis Benois erbauen, um auch während seiner Verwandtschaftsbesuche in Darmstadt einen russisch-orthodoxen Gottesdienst feiern zu können.

Am Alexandraweg liegen die **Wohngebäude der Künstler**. Als einziges, nicht von Olbrich konzipiertes Wohnhaus, genießt das **Haus Behrens** mit seiner Randlage an dem parkähnlichen Areal eine Sonderstellung. Rote Ziegelbänder und grünglasierte Klinker gliedern die Fassade und münden in einem Giebelfeld. Schräg gegenüber das **Gottfried-Schwab-Denkmal** (L. Habich, 1905). Weiter rechtsseitig sehen wir das **Große Haus Glückert,** das 1900–01 nach Plänen von Olbrich entstand. Bedeutungsvoll wirkt das Eingangsportal im Omegabogen mit der Holztür, die tulpenähnliche Flachschnitzereien zieren. Daneben das **Kleine Haus Glückert** (1900–01), danach das **Haus Habich** (1900–01), das stark zerstört worden war und 1951 verändert wurde und dann das **Haus Keller** (1901) von dessen ursprünglicher Gestaltung nur noch die

Mit seinem Wohnhaus auf der Mathildenhöhe versuchte sich der Maler, Grafiker und Entwerfer von Möbeln und Gebrauchsgerät, **Peter Behrens** (1868–1940), zum ersten Mal als Architekt. Später entwarf er Industriebauten, Repräsentationsgebäude, Privatvillen und entwickelte städtebauliche Entwürfe für Großbauten.

Brunnen, L. Habich

Haus Deiters

Museum Künstlerkolonie Darmstadt
Eine Dokumentation der Künstlerkolonie anhand der Ausstellungen 1901, 1904, 1908 und 1914

Geöffnet
Di–So 10–17 Uhr
Tel. 0 61 51-13 33 85

schmiedeeisernen Fenstergitter und die Einfriedung zu sehen sind.

Auf der gegenüberliegenden Seite steht das **Ernst-Ludwig-Haus,** das ehemalige Ateliergebäude. Der Weg über eine lange terrassierte Treppenanlage symbolisiert zugleich auch den Aufstieg in eine höhere, geistige Region. Beeindruckend das Omega-Portal mit den Monumentalfiguren ‚Mann' und ‚Frau' und neben der Eingangstür sieht man auf den Künstlerköpfen Genien, die den Lorbeerkranz bereit halten. Heute befindet sich im Inneren das **Museum Künstlerkolonie**, das einen Überblick über die Arbeit der Künstler zeigt.

Rechts der Freitreppe liegt das ebenfalls stark verändert wieder aufgebaute **Haus Olbrich** und rechts, an der Grundstücksaußenmauer sehen wir den marmornen **Wandbrunnen mit der Figur des trinkenden Jünglings**.

Das **Haus Deiters** finden wir, wenn wir vom Alexandraweg nach rechts abbiegen. Hier hat Olbrich als städtebaulichen Akzent einen turmartigen Anbau an die Hausecke gesetzt. Typische Jugendstilformen lassen sich am parabelförmigen Eingang und am schmiedeeisernen Gitterwerk ablesen.

Darmstadt

Route Eberstadt

Fachwerkhäuser – Rathaus – St. Josephskirche – Laurentiuskirche – Burg Frankenstein

Die alte fränkische Siedlung wurde zum ersten Mal 782 im Lorscher Kodex erwähnt. Adelsfamilien waren als Vögte eingesetzt, die sich im 13. Jahrhundert oberhalb die heutige Burg Frankenstein bauten. Im 17. Jahrhundert wurde Eberstadt von den Frankensteinern an die Darmstädter Landgrafen verkauft und 1937 wurde es nach Darmstadt eingemeindet.

Wir beginnen die Route in der Oberstraße, die zusammen mit Teilen der Heidelberger Landstraße den historischen Ortskern mit schönen Fachwerkhäusern aus dem 17. und 18. Jahrhundert bildet. Besonders bemerkenswert ist in Nr. 39 die **fränkische Hofreite** von 1702 und in Nr. 22 die **Dreiseithofreite,** gebaut Mitte des 19. Jahrhunderts, in deren Hauskern noch Reste älterer Vorgängerbauten stecken. Die **Geibelsche Schmiede** Nr. 20 entstand zwischen 1662–64 und dient heute dem Heimatmuseum für Ausstellungen. Im Hof

Historischer Ortskern

der ehemaligen **Diefenbachschen Brauerei.** Nr. 16, einem traufständigen Fachwerkbau aus dem Jahr 1783, befindet sich noch das Kühlhaus mit Kühlschiff. Hier wurde die ‚Bierwürze' nach dem Gärvorgang in einer eisernen Wanne gekühlt. In der von der Straße zurückliegenden ehemaligen **Gerberei** von 1594, die im 19. Jahrhundert umgebaut wurde, ist heute die Stadtteilbi-

Routenstart

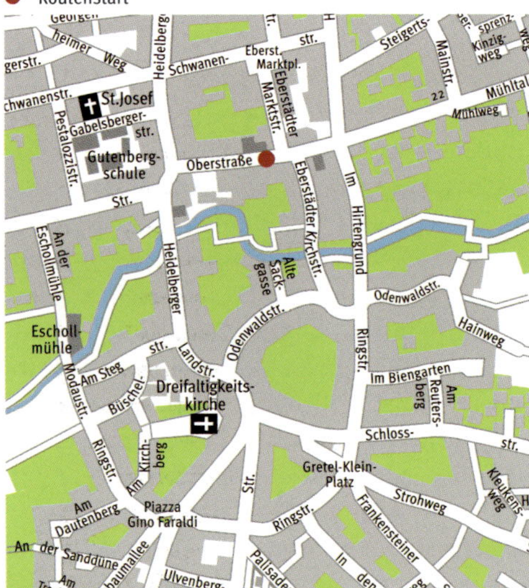

Heidelberger Landstraße

Villa Mühltalstraße 132

bliothek untergebracht. Das Flüsschen Modau fließt unmittelbar vorbei. Auf der anderen Flussseite wurde nach historischem Vorbild ein Bauerngarten angelegt. Davor das ehemalige **Rathaus** (G. Mittermayer, 1847) ist heute Sitz der Bezirksverwaltung und ein typisch klassizistischer von Georg Moller beeinflusster Verwaltungsbau.

Von hier aus gehen wir ein kurzes Stück in südlicher Richtung und stehen in der Heidelberger Landstrasse vor den Fachwerkhäusern Nr. 224 und 226, in die um 1700 eine Thurn und Taxissche Poststation eingerichtet wurde. Dann wenden wir uns nördlich und kommen zur Gabelsberger Straße, in die wir links abbiegen. Hier sehen wir die **Gutenbergschule** mit Gebäudeteilen von 1880 bis 1908 und gegenüber befindet sich die 1910–11 im Stil einer neugotischen Dorfkirche errichtete **St. Josefs-Kirche.** Die Gabelsberger Straße mündet in die Pestalozzistraße, der wir folgen bis wir am westlichen Ortsrand zur **Eschollmühle** kommen, die 1563 vom Zöllner Adam Wamboldt erbaut wurde. Es entstand eine Getreidemühle mit zwei Mahlgängen und auf jenen Wein, der östlich von Eberstadt wuchs, wurde ‚Guldenweinzoll'

Stadtteilbibliothek Eberstadt

Geöffnet
Di 15 – 19 Uhr, Mi 14 – 17 Uhr,
Fr 10 – 12 + 14 – 17 Uhr,
Sa 10 – 13 Uhr

Tel 0 61 51 - 13 28 35
www.stadtbibliothek.darmstadt.de

erhoben. Die weiter südlich auf einer Sanddüne erbaute **Laurentiuskirche** (1523) wurde 1604 vergrößert. 1851 wurde der Kirchturm erhöht und er bekam eine der Zeit entsprechende spitze klassizistische Haube.
Von hier aus kehren wir über die Heidelberger Landstraße zum Ortskern zurück.

Exkursion

Südlich von Eberstadt führt eine Straße hinauf zur **Burg Frankenstein**. Die Burg, heute eine Ruine, wurde 1252 erstmals urkundlich erwähnt und gehörte den Herren von und zu Frankenstein. 1662 ging sie an die Landgrafen zu Hessen-Darmstadt über und verfiel von da an. Ende des 19. Jahrhunderts ließ die erwachende Burgromantik wieder Interesse am Frankenstein aufkommen und man begann mit einer Restaurierung. Der heute die Ruinen überragende Turm war ein Wohnturm, um den sich das Herrenhaus, der Küchenbau, die Frauengemächer, die Unterkünfte für Mägde und Knechte, ein Vorratshaus, ein Backhaus und das Brunnenhaus gruppierten. Noch gut erhalten ist die 1450 errichtete Kapelle mit Grabmälern der Burgherren-Familie.

Burg Frankenstein

Seeheim-Jugenheim

Route Seeheim

Rathaus – Altes Pfarrhaus – Gasthaus ‚Zum Löwen' – Goldschmidt Villa – Lufthansa Schulungszentrum – Laurentiuskirche – ehemalige jüdische Synagoge – Schloss – Zehntscheuer – Schuldorf Bergstraße

Von Anja Spangenberg

Rathaus

An der Kreuzung der alten „strata montana", der Bergstraße, mit einer Handelsstraße in den Odenwald, der heutigen Kreuzung Darmstädter Straße, Bergstraße, beginnen wir den Rundgang. Durch die gute Lage im Handelsnetz und durch den Weinanbau war Seeheim bereits 1599 so wohlhabend, dass es an der alten Haingerichtslinde ein unten offenes **Rathaus** errichten ließ, in dessen Obergeschoss sich der Ratssaal befand. Ab 1708 erfolgte die Veränderung des unteren Geschosses zu einer Schmiede und noch etwas später wurde es umgebaut, um die neue Feuerspritze aufzunehmen. Das Haus besitzt ein Schmuckfachwerk, reiche Schnitzarbeiten mit Pflanzenmotiven und wird von einem Glockentürmchen bekrönt. Über dem Brunnen vor dem Rathaus erhebt sich auf einer Säule die Figur des Florian (Odin Greiner, 1910). Heute befinden sich hier das „Museum Burgruine Tannenberg" und die Gemeindebücherei.

Folgen wir nun der Bergstraße nach Süden,

Altes Pfarrhaus

Museum
Burgruine Tannenberg
Geöffnet So 15–17 Uhr
Tel. 0 62 57 - 8 47 50

sehen wir auf der rechten Seite das **Alte Pfarrhaus.** Sowohl das Wappen über der Tür als auch die Renaissance Fensterrahmen weisen auf seine Bauzeit im Jahr 1589 hin. Schon General Tilly erholte sich hier nach einer Schlacht und dem Schinderhannes soll das Haus Zuflucht geboten haben. Eine Gedenktafel erinnert an die Ermordung Seeheimer Juden und Jüdinnen. Vor uns steht das imposante **Gasthaus „Zum Löwen"**, das über einen baumbestandenen Biergarten verfügt. Der Fachwerkbau von 1612 wurde als Haus des Zentgrafen genutzt und zur Zeit von Landgraf Ernst Ludwig forschten in seinem Auftrag Alchemisten im Keller nach dem Geheimnis zur Herstellung von Gold.

Gasthaus zum Löwen

Goldschmidt Villa

Georg Christoph Lichtenberg (1742–1799) war Physiker und Philosoph, Satiriker und Aphorist.

Der Architekt Albin Müller (1871–1941) wurde 1906 nach Darmstadt gerufen, wo er zusammen mit Josef Maria Olbrich die Hessische Landesausstellung 1908 auf der Mathildenhöhe gestaltete. Nach dem Tod Olbrichs wurde er der führende Architekt der Künstlerkolonie.

Volksbank-Filiale
Beethovenring 57

Wir folgen der Bergstraße über den Hügel hinaus und biegen links in die Villastraße ein. Rechts steht ein stattlicher Bau: das Hotel Hufnagel, das 1865 für die zuströmenden Touristen errichtet wurde und heute ein Veranstaltungsort ist. Gegenüber, in Nr. 2, verbrachte Georg Christoph Lichtenberg manchen Sommertag, um seinen Bruder Christoph Gottlieb und dessen Frau Sophie Dorothee zu besuchen, woran eine Gedenktafel erinnert. Ursprünglich gebaut um 1399, war es der Wohnsitz des Hof- und Zehntverwalters, bei dem die Steuerschuld oft in Naturalien beglichen wurde. Die heutigen Gebäude stammen aus der Zeit um 1737.

In der **Villastraße 8** findet sich ein Haus, das der Darmstädter Jugendstilkünstler Albin Müller für sich entwarf und als Sommerresidenz mit seiner Familie bewohnte. Seit 1924 wird es als Pfarrhaus genutzt.

Wir steigen den Berg steil hinauf und betreten durch ein Tor den Park der **Goldschmidt Villa**. Als „Villa Tannenberg“ 1870 für Major Wilhelm Hahn erbaut, ließ der folgende Besitzer, der Wormser Lederfabrikant Friedrich Schön, den Garten 1880 von den Architekten Seidl und Schumacher anlegen und beauftragte sie mit der Lösung des Bewässerungsproblems. Sie schufen einen Park, in dem es sich zwischen exotischen Bäumen, Brunnen und Mauerstükken, die von Efeu überwuchert sind, angenehm flanieren lässt. 1969 erwarb die Gemeinde Seeheim das Anwesen samt Park von der Essener Goldschmidt AG. Heute befindet sich hier ein Restaurant. Oberhalb zeichnet sich der Gebäudekomplex des **Lufthansa Schulungszentrums** zwischen den Bäumen ab. 1972 errichtet wurde es 2006 abgerissen und 2009 als „Lufthansa Training & Conference Center Seeheim“ neu eröffnet. Der internationale Gästekreis des Hotels besteht aus Mitarbeitern des Lufthansa Konzerns und externen Gästen aus der ganzen Welt. Die Gastronomie ist öffentlich zugänglich.

Lufthansa Schulungszentrum

Wir gehen die Villastraße wieder hinunter und biegen in die Albert-Schweitzer-Straße ein. Der Streifzug durch das Villenviertel ist eine Entdeckungsreise für das Auge. Die Villen, die überwiegend in der Zeit zwischen 1880 und 1930 errichtet wurden, bezeugen den Wohlstand ihrer Erbauer, meist Großherzogliche Offiziere und Beamte, und zeigen heute vielfältige Formen an Giebeln, Türmen, Erkern und manchem Schnitz- oder Steinmetzkunstwerk. In der Albert-Schweitzer-Straße 25 wohnte der Politiker Christian Stock. Die Christian und Anni Stock Stiftung vergibt jährlich Stipendien an Schülerinnen und Schüler des Schuldorfs Bergstraße, die sich durch gute schulische Leistungen, vorbildliche Haltung oder soziales Engagement ausgezeichnet haben. Unser Weg führt rechts den Berg hinunter und wieder rechts durch die Philipp-März-Straße zurück. In der Karolinenstraße, die rechts abzweigt leb-

Christian Stock (1884–1967), der am 28. August 1884 in Darmstadt als Sohn eines Zigarrenarbeiters geboren wurde. Der SPD-Politiker setzte sich für die Gleichstellung der Arbeiterschaft ein und wurde im Alter von 70 Jahren 1946 in den Hessischen Landtag gewählt. Er war bis 1950 Ministerpräsident des Landes Hessen.

Georg Kaiser (1878–1945). Während der zehn Jahre, die er hier lebte, gelangte er zu Ruhm. Er zog mit seiner Frau Margarethe Habenicht in das Haus, das er mit dem Geld ihrer Verwandten luxuriös einrichtete. 1917 wurde „Die Bürger von Calais“ in Frankfurt uraufgeführt, womit ihm der Durchbruch als Schriftsteller gelang.

Laurentiuskirche

te im Haus Nummer 9 der expressionistische Schriftsteller Georg Kaiser.

Wir folgen der Philipp-März-Straße bis zum Gasthaus „Zum Löwen“, biegen links in die Kirchstraße ein, umrunden die Linde und treten auf den Friedhof. Rechts befindet sich der alte Teil mit einigen eisernen Kreuzen auf Sandsteinsockeln. Folgen wir dem Verlauf der Friedhofsmauer nach rechts, so treffen wir auf das Grab von Christian und Anni Stock. Vor uns erhebt sich die **Laurentiuskirche**, vermutlich im 13. Jahrhundert errichtet und mehrfach umgebaut. Im Inneren beachtenswert ist die Holzempore, das Holzkruzifix aus dem 15. Jahrhundert und ein Buntglasfenster (Anfang 16. Jahrhundert), das den Pestheiligen St. Sebastian zeigt, gestiftet von Hans Bergsträßer zum Dank für das Überleben seiner Familie. Wir verlassen den Friedhof durch den Ausgang am unteren rechten Eck und überqueren den vor uns liegenden Platz in Richtung Neues Rathaus, das

1912 als Schule im Neorenaissancestil errichtet wurde und heute die Gemeindeverwaltung beherbergt. Auf dem Vorplatz findet der örtliche Wochenmarkt statt.
An der Sparkasse vorbei folgen wir der Wilhelm-Leuschner Straße und biegen ein in die Darmstädter Straße. Hier, in den Häusern Nr. 6 und Nr. 9. lebte früher die jüdische Familie Mayer. Rudolf Mayer war 1945 der letzte Jude, der von Seeheim deportiert wurde. Ebenfalls in der Darmstädter Straße befindet sich die örtliche Straußwirtschaft, in der Wein ausgeschenkt wird sobald das „Sträußchen" hängt. Auf der linken Straßenseite zweigt bald ein kleiner Fußweg ab, der uns in die Schloßstraße bringt. Der Bach, nach dem das jährlich stattfindende Bachgassenfest seinen Namen hat, verläuft hier unterirdisch. Wir gehen bergan und werfen einen Blick in die abzweigende Burgstraße mit der **denkmalgeschützten Gebäudeanlage Nr. 2–8**. Um 1900 befand sich in Nr. 6 das Gemeindehaus und in Nr. 24, heute einem Wohnhaus, befand sich von 1868 bis 1938 die jüdische Synagoge. Durch Verkauf entging sie der Zerstörungswut der Reichskristallnacht. Wir folgen weiter der Schloßstraße und biegen

Zehntscheune

Schloss Seeheim

Von hier aus können wir einen Exkurs zur Dr.-Arthur-Mayer-Ruhe unternehmen. Etwa 400 Meter nach dem Ortsende in Richtung Ober-Beerbach ist auf der rechten Seite ein Gedenkstein zu sehen, der für den Arzt **Dr. Arthur Mayer** errichtet wurde. Er wurde 1888 in Seeheim geboren und 1945 in Auschwitz ermordet.

links ab in eine steile Straße. Wo sich heute eine private Wohnanlage befindet, entstand 1799 ein Landgut. Sein Besitzer, Amtmann Pistor, hatte eine Vorliebe für schöne Anlagen und ließ den Garten mit Statuen, Wasserspielen und Spalieren gestalten. Aus Geldnot musste Pistor das Hofgut 1808 an Großherzog Ludewig I. verkaufen. Unter Ludwig II. wurde das Gut zur Sommerresidenz mit Landschaftsgarten im englischen Stil ausgebaut und in den Folgejahren oft als Ziel vom Hof angesteuert. Ludwig III. lebte längere Zeit im **Schloss**, wie es genannt wurde. Bei seinem Tod läutete die Totenglocke der Laurentiuskirche so lange und heftig, dass sie zerbrach. Später wurde das Schloss als Kinderheim und Bibelschule genutzt. Nach einem Brand im Jahr 1995 stand der Gebäudekomplex lange leer bis er schließlich saniert wurde und eine Wohnlage mit wunderbarem Ausblick über Seeheim und die Rheinebene entstand. Ein Rundgang durch den Park vermittelt noch etwas des höfischen Gefühls zur Zeit der Großherzöge.

Wir gehen die Straße wieder hinunter und biegen links in die Schloßstraße ab, der wir nach rechts folgen und überqueren die Darmstädter

Straße. Wir sind am Ende unserer Route angelangt und stehen vor einem Gebäude mit Bruchsteinmauer, der ehemaligen **Zehntscheuer.** Hier wurde neben den landwirtschaftlichen Erträgen auch Wein gelagert. Über der Handpforte befinden sich das Wappen der Gräflichen Kellerei Erbach sowie das Baujahr 1737.

Exkursion

Folgen wir der Bergstraße in Richtung Jugenheim erstreckt sich in der Ebene eine ganze Siedlung mit rund 40 Schulgebäuden. Auf einer Sanddüne mitten im Kiefernwald wurde das **Schuldorf Bergstraße** 1954 errichtet. Es ist Deutschlands älteste additive Gesamtschule, einschließlich Kindergarten und der Möglichkeit auch einen Zweig der State International School zu besuchen. Ein Gang zwischen den von Bäumen und Grünflächen umgebenen Gebäuden, die mit überdachten Wandelgängen miteinander verbunden sind, vermittelt etwas vom Geist des Aufbruchs, der diese Schule entstehen ließ. Einen Blick auf den Höhenzug der Bergstraße stellten sich die Erbauer des „Wabenbaus“ – heute Gebäude 37 – für alle Klassen vor. So gestalteten sie sechseckige Klassenräume mit vielen Fenstern. Für die Sommermonate wurde Raum für Freiluftklassen geplant. Im Gebäude 21 befinden sich gleich zwei Kunstwerke am Bau: von Eberhard Schlotter ein Wandgemälde, das vom Fußweg aus einsehbar ist und von Bernd Krimmel ein Resopal Fries. Auf dem zentralen Schulhof stehen drei Tierskulpturen (Gotthelf Schlotter, 1921–2007). Die Freilichtbühne am südlichen Ausgang bietet Raum für Musik, Theater und Kino. 1997 wurde die Gesamtanlage unter Denkmalschutz gestellt.

Route Jugenheim

Friedensbrunnen – Kirche St. Bonifatius – ‚Blaues Haus' – Altes Forsthaus – Rathaus – Schloss Heiligenberg – Bergkirche – Stettbacher Tal

Auf dem Gebiet rund um die Straßenbahnhaltestelle „Ludwigstraße" – heutige Kreuzung Alte Bergstraße/Ludwigstraße – befand sich 1897 bis 1955 der Bahnhof der Nebenstrecke Bikkenbach – Seeheim. Hier reisten Erholungssuchende in den Luftkurort Jugenheim, vor allem jedoch nutzte die Verwandtschaft der großherzoglichen Familie den Bahnhof auf ihrem Weg zu Schloss Heiligenberg.

Wir passieren die liegende Frauenfigur (Ulla Scholl, 1965), biegen in die Bahnhofstraße links ein, überqueren die Alte Bergstraße und treffen auf einen kleinen Platz mit einer Brunnenanlage. Der **Friedensbrunnen** (1909) wurde von Daniel Greiner in Erinnerung an den Krieg 1870/71 gestaltet mit der Figur eines „Wanderers, der sehnsuchtsvoll nach den Bergen sieht". Wir zweigen rechts in die Ludwigstraße ab, die noch einige repräsentative Gebäude aus der Zeit um

Ulla Scholl (*1919) entstammt einer Darmstädter Bildhauerfamilie und hat eine große Anzahl an figurativen und ungegenständlichen Plastiken geschaffen.

die Jahrhundertwende 1900 aufweist, so die Häuser Nummer 1, 5 und 6. Rechts erhebt sich die katholische **Kirche St. Bonifatius** (H. Rommel, 1912/13). Sieht die denkmalgeschützte Hallenkirche von außen schlicht aus, so finden sich neben den Erkern und dem von Ecktürmchen umringten Kirchturm am Westportal Jugendstilornamente. Der Innenraum weist eine spitzbogige Decke mit Holzkassetten auf.

An der Einmündung der Hauptstraße machen wir einen kurzen Abstecher nach rechts, wo sich eine **prächtige Villa** auf der linken Seite befindet. Sie wurde 1851 von Forstmeister Walther van der Hoop in Auftrag gegeben und wird dem Umfeld von Baumeister Georg Moller zugeschrieben. Das ausladende Glasvordach über dem Eingang mit seinen geschmiedeten Verzierungen sowie die mit Blumen und Ornamenten verzierten Fensterumrandungen weisen auf den Wohlstand der Erbauer hin.

Wir kehren zurück und folgen der nach rechts abzweigenden Hauptstraße bergan. An Nr. 41 findet sich heute nur noch eine Plakette, die auf das Wohnhaus der Dichterin Louise von Ploennies (1803–1872) hinweist. Blicken wir die Straße hinauf, so beherrscht ein Gebäude den Ausblick: **Die Krone**. Mit der Umwandlung eines Gehöftes in eine Wirtschaft, die ein Schild, das der goldenen Krone, tragen durfte, begann 1778 der Aufstieg der Familie Rindfuß. Es wurde selbst gekelterter Wein ausgeschenkt und die vorhandenen Gastzimmer reichten für die anreisenden Sommerfrischler. Mit dem Ausbau von Schloss Heiligenberg durch Großherzogin Wilhelmine begann eine Blütezeit für die Krone. Der Hotelkomplex wurde erweitert und es kam ein weitläufiger Kurpark hinzu. 1920 endete die

Friedensbrunnen

St. Bonifatius

Die Dichterin **Louise von Ploennies** (1803–1872) verfasste Dramen und Gedichte. Für ihre kunstfertigen Übersetzungen aus dem Flämischen wurde sie in die Königliche Akademie in Brüssel aufgenommen.

Blaues Haus

Die Schriftstellerin **Helene Christaller** (1872–1953) lebte und arbeitete im „Blauen Haus“. Sie schrieb Erzählungen und biografisch geprägte Romane.

ruhmreiche Zeit. Heute nutzt ein Altenheim das Haus Krone.

Bevor wir mit der Hauptstraße nach links abbiegen, folgen wir dem Tal nach rechts und werfen einen Blick auf das Haus mit dem blauen Türmchen im rechts abzweigenden Helene-Christaller-Weg. Die Schriftstellerin Helene Christaller (1872–1953) lebte und arbeitete im **„Blauen Haus“** Nr. 3 (Baujahr 1863), an dem sich eine Gedenktafel befindet. Seinen charakteristischen Turm bekam das von Schöngeist Carl Eppenstetter errichtete Haus erst 1886.

Zurück in der Hauptstraße, die weiter ansteigt, befand sich bei Nr. 19 das Wohnhaus (1590) und die Schreinerei der Familie Roß, später dann der Stammsitz der Familie Glück, die einen Omnibusbetrieb führten. Im Nachbarhaus Nr. 17 war nicht nur das Gasthaus „Zum Schwanen“ zu finden, sondern ab 1783 für hundert Jahre das Pfarrhaus. Nebenan steht das **alte Forsthaus**, das 1525 für den Amtskeller errichtet wurde. Tiefe Keller mit acht Meter hohen Räumen, die zur Lagerung von Wein oder Obst und Gemüse besonders geeignet waren, zeichnen den Bau aus. Nach dem 30jährigen Krieg befand sich zeitweilig eine Salpetersie-

Ehemaliges Schulhaus

derei hier. Ab 1819 war es Forstamt. Das gegenüberliegende **Roseneck**, eine lauschige Ecke mit einer Laube und üppigen Rosen, befindet sich auf dem Gelände der ehemaligen Scheuer. In der Hauptstraße 16, etwas zurückgesetzt, steht ein **Fachwerkbau** (1738), der von 1783 bis 1883 das Schulhaus war. Das **Rathaus**, heute Hauptstraße 14, wurde 1533 an Stelle der alten Haingerichtslinde erbaut. Bemerkenswert sind eine Sonnenuhr (1743) sowie davor der Siegfriedbrunnen (Daniel Greiner, 1913). Im frühen 18. Jahrhundert baute man das Rathaus um und mauerte das vorher offene Erdgeschoss aus, in dem sich die Kelter und eine Waage befunden hatten. Heute sind hier die mit blumiger Rankenmalerei versehenen Räume des Standesamtes sowie die Bücherei untergebracht.

Wir schreiten durch das schmiedeeiserne Tor, wenden uns gleich wieder nach links und steigen links von der Bergkirche den Pfad am Hang entlang auf den **Heiligenberg**. Seinen Namen hat der Berg vermutlich aus der Zeit der Zentgerichte, bei denen ein Eid auf die „Heiligen" (Reliquien) geleistet wurde. Vielleicht ist seine Geschichte noch älter und geht auf eine vorchristliche Thingstätte zurück. Nachdem Mit-

Der Bildhauer **Daniel Greiner** (1872–1943) war von 1904–1906 Mitglied der Künstlerkolonie auf der Darmstädter Mathildenhöhe. Zusammen mit seinem Sohn Odin Greiner (1904–1969) schuf er zahlreiche Brunnen und Monumente.

Schloss Heiligenberg

te des 16. Jahrhunderts das Zentgericht nach Zwingenberg verlagert wurde, nutzte man den Heiligenberg als Viehweide und Gemüsegarten. 1827 kaufte die Darmstädter Großherzogin Wilhelmine (1788–1836) das Gelände oben auf dem Bergrücken und beauftragte Georg Moller mit dem Umbau ihrer **Sommerresidenz**. Das helle vierflügelige Gebäude (1830/1846) mit seinen beiden Türmen umschließt einen Innenhof. Auf der Rückseite befindet sich das kleine verschindelte **„Russenhaus“,** in dem die Bediensteten der Verwandtschaft aus Russland untergebracht waren. Von dort erblickt man das Badehaus mit dem Badeteich. Wenn die Gartenanlage geöffnet ist, lohnt sich ein Abstecher, der auch an den Gräbern der königlichen Hunde sowie an der Gedenktafel für den „Helden von Slivitzna“ vorbei führt. Gemeint ist ein Pferd, mit dem Prinz Alexander in die Schlacht von Slivitzna zog. 1935 ging das Anwesen in den Besitz des Landes Hessen über und wird seitdem für die Lehrerbildung genutzt. Im Sommer ist das **Schloß Heiligenberg** ein Ort für Ausstellungen und Konzerte.

Großherzogin Wilhelmines Tochter Marie heiratete den späteren Zaren Alexander II., ihr Bruder Alexander ehelichte zunächst unstandesgemäß die Hofdame Julie von Hauke, der man später das Adelsprädikat des erloschenen Geschlechts der von Battenberg verlieh, so dass sie die Stammmutter der heutigen Familie Battenberg/Mountbatten wurde.

Vom Schloss folgen wir der Fahrstraße bergab und wenden uns nach dem Teich dem Weg zu, der auf einen Berggrat führt. Linkerhand stehen Mauerreste, die an ein Kloster von 1264 erinnern. Die Fundamente wurden 1830 mit einer Kirchenruine, einem Stilelement der zeitgenössischen Parkgestaltung, überbaut. Neben dem Taufstein aus der Dorfkirche (15. Jh.) und den gotischen Sandsteinfensterbögen befinden sich hier noch in die Mauer eingelassene Grabtafeln. Wenige Schritte weiter stehen wir vor einem umzäunten Gelände, dem Kreuzgarten mit der alten Zentlinde, der ein Alter von 1000

Schloss Heiligenberg

Bergkirche

Jahren nachgesagt wird. Umrunden wir das Gelände auf der rechten Seite, blitzt ein **goldenes Kreuz** hervor (Johann Baptist Scholl d. J., 1866), das die Kinder von Großherzogin Wilhelmine in Erinnerung an ihre Mutter gestiftet haben. An seiner Seite steht eine Gedächtniskapelle (1892–1894) mit Grabstätten der Familien von Battenberg und Mountbatten.
Wir nehmen die Wegabzweigung rechts am Hang hinunter, folgen der rechts abzweigenden Fahrstraße und gelangen zur **Bergkirche**. Die schlichte Saalkirche wurde 1263 von Konrad II. von Bickenbach und seiner Gemahlin gestiftet. Eine Sage berichtet, die ungewöhnliche Lage sei durch einen Traum bedingt, in dem Engel das Baumaterial vom Tal an den heutigen Standort der Kirche brachten. Sie wurde mehrfach umgebaut, zuletzt 1856. Von der russischen Zarin Marie erhielt die Kirche zwei silberne Abendmahlskannen sowie Festdecken aus rotem Samt mit Gold durchwirkt geschenkt, die sich in einer Vitrine befinden. Umgeben ist die Kirche von einem kleinen Kirchhof mit dem Beinhaus, genannt „Karner". Einige Grabmale wie das des Hofpredigers Johann August Stark sind einen Abstecher wert.
Wir gehen die Treppen hinunter, stoßen wieder auf die Hauptstraße, folgen der schräg gegenüber abzweigenden Alexanderstraße bergab und biegen in die Lindenstraße rechts ein. In einem parkähnlichen Grundstück liegt das Haus Nr. 6 mit seiner schönen Veranda und wenige Häuser weiter in Nr. 12 befand sich die Schule, die 1882 hier ein neues Gebäude erhielt. Wir biegen links in die Burkhardtstrasse und gehen bis zur Kreuzung In den Pfifflergärten, wo in Haus Nr. 7 Käthe Bomborn 1911

das **„Kinderhaus Heimgarten“**, ein Landerziehungsheim, eröffnete. Es wurde zunächst privat geführt und 1947 von der Arbeiterwohlfahrt übernommen. Wir biegen links in den Weg Am Bachwinkel ein und folgen ihm bis zu der Stelle, an der der Stettbach zutage tritt. Hier befand sich die Sandmühle, eine der unzähligen Mühlen, die von den beiden Bächen Stettbach und Quaddelbach getrieben wurden und Jugenheim schon ab 1100 versorgte. Wir nehmen den schmalen Weg links zwischen den Häusern hindurch zurück zur Bahnhofsstraße, überqueren die Bahngleise und betreten den etwas tiefer liegenden Friedhof. Hier sehen wir nach dem Durchqueren des Durchbruchs in der alten Friedhofsmauer auch das Grab von Helene Christaller und rechts das **Grab von Daniel Greiner**, das von einer liegenden Frau (Daniel Greiner, ‚Auferstehung') geschmückt wird.

Grabmal Greiner

Exkursion zum Stettbacher Tal

Im Stettbacher Tal findet sich ein Anzahl stattlicher Häuser, viele von ihnen mit Mühlengeschichte. Haus Nummer 13 wurde 1551 als Mühle gebaut und 1861 von dem Mechanicus Carl Brandt zur Badeanstalt umfunktioniert. Er erfand Apparate für Kaltwasserbäder und Wellenbäder. Der Bildhauer Daniel Greiner kaufte es 1903 und richtete es nach seinen Wünschen her. Von seinem Wirken zeugen noch Fresken an den Außenwänden sowie eine Skulptur einer Frau mit Kind an der Westseite. Im weiteren Verlauf bergan sind noch die ehemalige Remise und Kutschwohnung in Nr. 18 sowie die prächtige zweistöckige Villa mit Nr. 25 sehenswert.

Evangelische Kirche

Exkursion nach Malchen
Von Gerty Mohr

Etwa 2 km von Seeheim entfernt liegt das ehemalige Wäscherdorf Malchen. Die damaligen Bleichen in einer Mulde nördlich des Ortskerns sind heute noch als ‚Malcher Tuchbleiche' bekannt. Über 300 Jahre lang prägten die Leinweber mit ihren Trockenhallen und Wäschereien das Bild des Dorfes. Ein besonderes Kulturdenkmal ist die in der Frankensteiner Straße gelegene Evangelische Kirche, die 1514 erstmals erwähnt, 1693 neu aufgebaut und danach einige Male renoviert wurde. Das Rundportal aus Buntsandstein zeigt eine Krone mit der Jahreszahl 1693. Im Innenraum sind gotische Wandmalereien aus dem 15. Jahrhundert zu sehen.

Das Haus Nr. 30, der Kirche schräg gegenüber, war ehemals das Schulgebäude der Gemeinde. An bunten Gartenanlagen vorbei, trifft man kurz danach an der Ecke zum Bleichweg auf die knorrigen Reste der alten Dorflinde, deren Wurzeln bis in die Zeit des Dreißigjährigen Krieges zurückreichen sollen. Am Fuße des Baumes befindet sich eine Quelle, die in einen Brunnen von 1911 gefasst ist. Der Platz mit der Linde war früher Dorfmittelpunkt, hier wurde gefeiert und hier tagte das Ortsgericht, nachweislich bis man im Jahr 1822 zum ersten Mal Gemeinderäte wählte.

Bickenbach

Stephanskirche – Pfarrhaus – Goldener Löwe – Kolbsches Haus – Mittelmühle – Judenbrunnen – Fachwerkhäuser – ‚Gasthaus zur alten Krone' – Jagdschloss – Gaststätte ‚Zur Waldesruh' – Hof Hartenau

Von Anja Spangenberg

Johanna Schopenhauer (1766–1838), die Mutter des Philosophen Arthur Schopenhauer (1788–1860), schrieb 1816 „Bei Bickenbach, wo wir aus dem Tannenwald hervortraten, erblickten wir die eigentliche Bergstraße im vollen Glanz des heiteren Morgenlichtes".

Unseren Rundgang beginnen wir an der Kreuzung von Darmstädter Straße und Jugenheimer Straße mit der weithin sichtbaren **Stephanskirche**. Der Name Bickenbach geht zurück auf Bicco, einen adligen Gefolgsmann Kaiser Karl des Großen, der hier ein Hofgut gründete. Der Ort wurde 1130 erstmals urkundlich genannt.

Auf einer Sanddüne wurde wohl schon im 1. Jahrtausend eine Kirche errichtet und dem heiligen Stephan geweiht. Im Dreißigjährigen Krieg fiel sie den Flammen zum Opfer und erhielt 1808 ihre heutige klassizistische Gestalt. Wir steigen die Treppe hoch, wo sich linkerhand alte Grabsteine befinden, unter ihnen der des Amtmanns Pistor, der mit der Anlage des Seeheimer Schlosses begann. Der Kirchhof ist ebenso alt wie die Kirche und diente wegen der starken Mauern, die ihn umgeben, zum Schutz vor Feinden. Das Innere der Kirche ist schlicht und einheitlich klassizistisch und die Glocke wurde 1631 von dem Schultheiß Hans Quick gestiftet.

Wir verlassen das Kirchgelände wieder über die Treppe und wenden uns nach links. Schräg gegenüber mündet die Schulzengasse ein. Das Haus an der westlichen Ecke wurde 1594 als **Pfarrhaus** errichtet. Weiter gehen wir in der Darmstädter Straße, wo sich in Nr. 38 (erbaut 1633/34) zunächst das **Gasthaus Zum Löwen** und später eine Bäckerei befand. Über dem zugemauerten Torbogen ist das Wappen der

Kolbsches Haus

Grafen zu Erbach angebracht, da hier der Rentamtmann seine Dienststelle hatte. **Haus Nr. 32** ist ein Anwesen mit Nebengebäuden und Laube aus der Zeit 1846 und 1881. Bis in die 1980er Jahre befand sich hier die Dorfschmiede. Ab 1932 zog die staatliche Pferdezucht ein. Gegenüber zeigt ein Wirtshausschild den **Goldenen Löwen**. Seit rund 250 Jahren ist der Fachwerkbau aus dem 18. Jahrhundert eine Gastwirtschaft.
Wir folgen der Straße weiter nach Westen, wo sich das heutige Heimatmuseum befindet. **Das Kolbsche Haus** gehört zu den ältesten Häusern im Ort, wie eine Datierung im Giebel (1583) belegt. An der Traufseite und im Hof zeugen davon noch die paarigen Fenster mit Renaissancegewänden. Im Erdgeschoss gibt es eine Küche mit beeindruckendem Gewölbe, im 1. Stock eine Stuckdecke aus dem 17. Jh. sowie Reste eine Wandbemalung mit rankenden Blumen-

Heimatmuseum
Exponate zur frühen Geschichte Bickenbachs und Pfähle der ‚Schifflache', einer Sumpfbrücke.
Dokumentation zur örtliche Eisenbahngeschichte und der Zigarrenproduktion.

Darmstädter Straße 35

Geöffnet So 15–17 Uhr

Sandhase

motiven. Wir überqueren die Straße, wo uns ein bronzener Hase erwartet. Der **Sandhase** wurde anlässlich der 1100-Jahr-Feier aufgestellt und ist auch symbolisch für die unzähligen Hasen, die sich im Umland im sandigen Untergrund verbergen. Schon 1739 befand sich hier ein **Schulgebäude**, das 1822 abgebrochen werden musste. 1885 wurde der Neubau eingeweiht, der bis 1971 als Schule diente.

Wir folgen der Schulstraße bis zum Landbach. Ein kleiner Abstecher nach rechts entlang des Mühlgrabens auf einem schmalen Fußpfad bringt uns linkerhand zur **Mittelmühle**. Bis 1855 wurde hier eine Ölmühle betrieben, danach mahlte sie Getreide und dient heute Wohnzwecken. Wir kehren zurück zur Bachgasse und schlendern nun durch den ältesten Siedlungskern von Bickenbach. Viele Häuser zeugen noch von der Zeit der Mühlen und des Obst- und Gartenanbaus. An der Ecke Steingasse wenden wir uns kurz nach links, wo sich in Nr. 8, einem **Fachwerkbau aus dem 17.Jahrhundert**, eine Selterswasserfabrik und bis 1919 eine Schlosserei befand.

Zurück in der Bachgasse folgen wir dem Bachlauf, bis wir an den ‚**Judenbrunnen**' (1769)

Fachwerkhaus

kommen. In Nr. 24 befanden sich bis 1902 das Judenbad und die „Judenschule“.

Das **Fachwerkhaus Nr. 23** ist eines der ältesten Häuser (1596) des Ortes und weist bemerkenswertes Schmuckfachwerk auf. Das **‚Gasthaus zur alten Krone' (1598**) befand sich an der Stelle des heutigen Hauses Nr. 30. Links vom Hofeingang liegt ein kleines zugemauertes Fenster, durch das seinerzeit die eiligen Gäste ihre Humpen mit Bier gereicht bekamen. Wenn wir dem Bachlauf über die Pfungstädter Straße hinweg folgen, gelangen wir an den **Bahnhof**, der Bickenbachs Geschichte ab Ende des 19.Jahrhunderts prägte.

Altes Rathaus

Bickenbach wurde 1846 an die Eisenbahnstrecke Darmstadt-Heidelberg (Main-Neckar-Bahn) angeschlossen. 1864 entstand das heutige Bahnhofsgebäude, in dem ein ‚Fürstenzimmer' eingerichtet wurde, da zwischen 1895 und 1918 die großherzogliche Familie und ihre russische Verwandtschaft hier umstieg in das ‚Ziggelsche'. Dies war eine Nebenbahn, die sie zu ihrer Sommerfrische auf Schloss Heiligenberg nach Jugenheim brachte. In den Folgejahren war sie für Urlauber und Kurgäste des Luftkurortes Jugenheim von Bedeutung. Bis 1960 wurde die Strecke noch für den Güterverkehr genutzt. Die Bahn war Hauptarbeitgeber für die Bickenbacher und es haben sich etliche Anekdoten erhalten. So wurde im Frühjahr 1945 beim Einzug der Alliierten aus Angst vor Plünderung die Bahnhofskasse im nächstgelegenen Acker vergraben. Der Plan ging auf, allein es hatte sich niemand den genauen Ort gemerkt, sodass der halbe Acker auf der Suche nach der Bahnhofskasse umgegraben werden musste.

Wir biegen links in die Pfungstädter Straße ein, überqueren sie beim Erreichen der Darmstädter Straße und stehen nun vor dem ehemaligen **Jagdschloss.** 1714 verkauften die Grafen von Erbach den Ort Bickenbach an den Darmstädter Landgrafen Ernst-Ludwig. Der begeisterte Jäger ließ bis 1720 das Jagdschloss erbauen. Die Anlage besteht aus dem Herrenhaus rechterhand und dem ‚großen Bau' linkerhand. Rückwärtig befinden sich die ehemaligen Remisen. Die Jagdlust des Fürsten war so ausufernd, dass die Bickenbacher einen Holzzaun um ihr Dorf ziehen mussten, um sich vor Überfällen durch das zahlreiche Wild zu schützen. 1768 wurde die Parforcejagd verboten. Das Jagdschloss wurde als Militärlazarett genutzt, auch als Unterkunft für eine Garnison und von 1827–1850 befand sich hier eine Thurn und Taxis Poststation. Später wurden hier Zigarren hergestellt, dann dien-

Jagdschloss

te es Flüchtlingsfamilien als Unterkunft und seit der Restaurierung 1996 sind hier das Rathaus und die Bücherei eingezogen. Wir gehen links um die Remisen, wenden uns nach rechts und biegen dann links in die Hügelstraße ein. Hier entlang verlief die ehemalige Bahnstrecke. An einem kleinen Plätzchen rechterhand können wir hinüberblicken zur früheren **Gaststätte ‚Zur Waldesruh'**, erbaut 1900, mit Sichtfachwerk im oberen Bereich. An der Längsseite erkennt man

Jagdschloss

an der Fensteraufteilung noch die alte Nutzung als Tanzsaal.
Weiter geht es die Hügelstraße bergan, bis links die **Lundgrenstraße** abzweigt. Das **Haus Nr. 26** wurde vor dem Ersten Weltkrieg erbaut und gehörte dem schwedischen Industriellen Albert Lundgren, den die Schönheit der Bergstraße 1911 zum Kauf verlockt hatte. Er ließ sich eine Remise und Pferdeställe bauen und eine Sonnenbadeanstalt auf der Ostseite seines Hauses einzäunen. Auf seine Kosten pflanzte er eine Robinienallee und ließ den Weg hinter dem Friedhof anlegen.
Wieder zurück an der Stephanskirche befinden sich am Fuße der Düne ein Kriegerdenkmal sowie ein **Gedenkstein für die ‚Opfer der Nazi-Herrschaft'.**

Exkursion Hof Hartenau

Biegt man von der Umgehungsstraße um Bickenbach in Richtung Erlensee ab und folgt an diesem vorbei der Straße, so gelangt man zum Hartenauer Hof. Der alte Riedhof ist möglicherweise zur Zeit der Römer errichtet worden und gehörte den Edelherren von Bickenbach. Diese vermachten Teile 1347 an eine Wildhübnerfamilie, die sich daraufhin als Herren von Hartenau bezeichnete. Die Linie erlischt 1542. In die Darmstädter Theatergeschichte hat der Name dennoch Eingang gefunden durch die Kammersängerin Johanna Loisinger, die 1889 Alexander, Sohn von Prinz Alexander von Battenberg, heiratete. Er nahm den Titel des Grafen von Hartenau an, den die Nachfahren heute noch führen.

Alsbach-Hähnlein

Route Alsbach

Hinkelstein – Ev. Kirche – ‚Pietà II' und ‚Platten am Weg' – Rathaus – Hofgut Hechler – Jüdischer Friedhof – Alsbacher Schloß

Von Barbara Zeizinger

Alsbacher Hinkelstein

Unser Spaziergang in Alsbach, das im Lorscher Codex 733 als Schenkung Karls des Großen zum ersten Mal genannt wird, beginnt an der Straßenbahnhaltestelle ‚Am Hinkelstein'. Wir gehen auf dem Feldweg entlang des Zaunes ein Stückchen Richtung Norden, an der Grundschule „Am Hinkelstein" vorbei, deren Namen bereits unser erstes Ziel, den **Alsbacher Hinkelstein,** verrät. Wir finden ihn am westlichen Rand des Sportgeländes. Aus der Jungsteinzeit stammend, also etwa 4000 Jahre alt, ist er eines der ältesten Kulturdenkmale des Landkreises und reiht sich ein in die rätselhafte Menhirkultur. Vermutlich hatte er eine kultische Bedeutung. Als Opferstätte, Ahnengrab, Gerichtsstätte oder Kalender könnte der aus Malachit bestehende Stein verwendet worden sein, worauf die Panoramatafel der vor uns liegenden Höhenzüge hindeutet.

Wir gehen auf demselben Weg wieder vor bis zur Straßenbahnhaltestelle, wo links vor dem Jugendzentrum die Skulptur einer von Jugendlichen hergestellten Schlange züngelt. Hier stoßen wir auf die Bahnhofstraße, wenden uns nach links zur Melibokusschule, dann weiter auf der Bahnhofstraße geradeaus und kommen schließlich zur Ortsmitte, wo sich die Bahnhofstraße in Hauptstraße und Kirchstraße teilt. An dieser Gabelung stehen Wegweiser zum Alsbacher Schloss und zum Weinlagenweg. Um zum Schloss zu gelangen, kann man die Kirchstraße weiter geradeaus bergauf gehen, am Denkmal für die Toten der Weltkriege vorbei, bis man rechts zur „Herzog-Ulrich-Ruhe" kommt. (siehe Exkursion im Anhang)

Wir folgen der leichten Steigung der Kirchstraße und erreichen die **Evangelische Kirche.** Zu Zeiten der Pestepidemie stiftete Agnes von Bickenbach 1349 eine Kapelle, deren gotischer Chor 1466 errichtet wurde. Ihre heutige Form mit Empore erhielt die Kirche 1604/05. Gehen wir die Stufen zum Kirchgarten hinauf, so befinden wir uns auf dem Gebiet des ehemaligen Friedhofes. Hier sehen wir zwei außergewöhnliche Kunstwerke: die ‚**Pietà II'** aus Polyester (1989) und das auf dem Rasen liegende Mahnmal ‚**Platten am Weg'** (1986), beide von dem

Weinlagen:
Alsbacher Schöntal

Routenstart

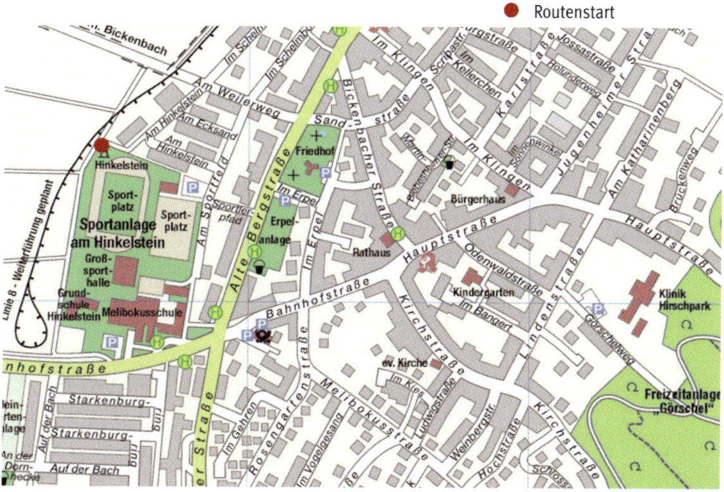

Der in Köln geborene Dichter und Sänger **Ernst Pasqué** (1821–1892) lebte ab 1872 in Alsbach. Ursprünglich war er Opernsänger, begann aber bald mit dem Schreiben und verfasste mehr als hundert romantische Erzählungen, Romane, Libretti, Reiseführer und Dramen.

Auf dem **Mahnmal** sind Jahreszahlen zu sehen, die auf besondere jüdische Anlässe hinweisen. Das in der Mitte angebrachte Wort ‚Shalom' (Friede) und der brennende Davidstern ‚Chalom' (Traum) erinnern bei der Jahreszahl 1938 an den Albtraum der Nazizeit.

Bildhauer Wieland Schmiedel (geb. 1942). Die als Stolpersteine konzipierten Platten verlangen vom Betrachter ein genaues Hinsehen, denn nur so kann er die Umrisse von am Boden liegenden Körpern erkennen.
Zurück auf der Kirchstraße gehen wir noch ein Stückchen höher links bis zur Lindenstraße. Hier laufen wir auf dem mit einem gelben B markierten Blütenweg, bis wir bei Nr. 18 vor dem ‚**Haus Geyersberg'** stehen, in dem von 1872 bis 1892 der Dichter und Sänger Ernst Pasqué wohnte. Unmittelbar danach kommen wir zu der in einem schönen Park gelegenen Asklepios-Hirschparkklinik, die sich heute als orthopädisches Rehabilitationszentrum anbietet. Unser Weg führt uns weiter, bis die Lindenstraße auf die Hauptstraße trifft, wo wir uns nach links wenden und hinunter bis zum Diósder Platz gehen, der an die ungarische Partnergemeinde erinnert. Wir sehen an der Ecke das Fachwerkhaus ‚Sonne', das seit 1881 eine Gaststätte ist. Weiter ein kleines Stückchen geradeaus in der Straße Im Klingen finden wir an der Mauer zum Bürgerhaus Sonne ein Mahnmal (Gotthelf Schlotter, 1992). Das Bürgerhaus, in dem sich auch die Gemeindebücherei befindet,

Gaststätte/Bürgerhaus Sonne

Dorflinde mit Brunnen

bietet mit mehreren Sälen Platz für Veranstaltungen und private Feiern.
Unsere Route führt uns zurück zur Hauptstraße, in die wir rechts einbiegen und bald auf der rechten Seite auf das Fachwerkhaus stoßen, an dem an einer Laterne eine **Krone** aus Metall hängt, die den Namen des einstmals ältesten Gasthauses von Alsbach verrät. Das renovierte Haus wurde 1796 auf dem Gelände gebaut, wo im frühen Mittelalter wahrscheinlich ein alter Fronhof stand. Die gastronomische Entwicklung des Hauses endete in den neunziger Jahren und heute befinden sich darin Wohnungen und Büros.
Wir biegen rechts ab, gehen zu dem kleinen Platz mit der Linde und befinden uns im Ortsmittelpunkt, wo in früheren Zeiten gefeiert, Markttage abgehalten und Recht gesprochen wurde. Von hier aus folgen wir der Bickenbacherstraße und stoßen auf das **Rathaus**, das 1853 als gemeinsames Schul- und Rathaus

Rathaus

eingeweiht wurde. Neben dem Rathaus steht das Fachwerkhaus **Hofgut Hechler** aus dem Jahr 1803. Ursprünglich als Wohnhaus erbaut, wird es heute zusammen mit der 1811 errichteten Scheune von der Gemeinde für öffentliche Zwecke genutzt. Wir gehen weiter die Bickenbacher Straße abwärts und biegen links in die kleine Straße Im Erpel ein. Sie führt direkt zum Friedhof. Dort können wir das Grab mit der Büste Ernst Pasqués besuchen, das an der Mauer gegenüber der Trauerhalle zu finden ist. Zurück zu unserem Ausgangspunkt gehen wir ein Stück durch die Grünanlage Erpel, bis wir am Verkehrskreisel rechts die Melibokusschule sehen.

Jüdischer Friedhof

Exkursion zum **Jüdischen Friedhof**

Der Alsbacher Jüdische Friedhof wurde 1616 angelegt und ist mit über 2000 Grabsteinen die größte erhaltene jüdische Begräbnisstätte in Hessen. Unter den sehr alten Grabsteinen ist auch der des berühmten aus Worms vertriebenen Rabbiners Samuel Bacharach, der 1615 erst in Gernsheim und dann in Alsbach begraben wurde. Um in etwa 30 Minuten dorthin zu gelangen, nimmt man den Weg vom Hinkelstein aus, bis man auf den Weilerweg stößt. Hier nach links und vor bis zur Neuen Bergstraße, dort die Fußgängerampel überqueren, anschließend in südlicher Richtung entlang der Neuen Bergstraße. Nach dem Einkaufzentrum geht rechts ein Weg ab, der zum Jüdischen Friedhof führt.

Führungen über den **Jüdischen Friedhof** vermittelt die Gemeinde Alsbach-Hähnlein

Telefon: 0 62 57-5 00 80

Alsbacher Schloss

Die **Burgschänke** im Alsbacher Schloss hat in der Sommersaison von Mittwoch bis Sonntag und in der Wintersaison an den Wochenenden geöffnet.

Nähere Informationen:
Telefon: 0 62 57-50 39 30
www.schloss-alsbach.org

Exkursion zum **Alsbacher Schloss**

Die Burg wurde von Gottfried I. von Bickenbach um 1240 gebaut und ursprünglich ‚Burg Bickenbach' genannt. Die Umbenennung zum ‚Schloss' geschah erst in jüngerer Zeit durch die Bevölkerung. Beim Weg hinauf durch die Hindenburgstraße hat man einen schönen Blick über die Rheinebene und sieht Villen,

die von dem Architekten Heinrich Metzendorf (1866–1923) im frühen zwanzigsten Jahrhundert entstanden. Das Haus Nr. 1 wurde 1908 als Wohnung für den Nervenarzt Dr. Laudenheimer gebaut, der auch das gegenüberliegende, ‚Villa Schloßberg' genannte Sanatorium errichten ließ, in dem sich heute eine Wohnanlage befindet. Auch die etwas versteckt liegenden Häuser Nr. 8 und Nr. 10 gehen auf den Architekten Metzendorf zurück. Eine Besonderheit bietet das letzte Haus (Nr. 14). Hier wohnte von 1911 bis 1919 der jüdische Künstler Benno Elkan, der die Menorah schuf, die in Jerusalem gegenüber der Knesset steht.
Die Hindenburgstraße mündet in einen Waldweg, der in ungefähr 30 Minuten zum Schloss führt. In der Burganlage gibt es einen Kräutergarten sowie ein Rosarium. Im Westen der Ringmauer kann man durch die erhaltenen Fensteröffnungen des Palas weit in die Rheinebene blicken und der Bergfried genannte Turm kann bestiegen werden. Ein Förderverein bietet Ritterspiele für Kinder und zahlreiche weitere Veranstaltungen rund um das Burgleben an.

Alsbacher Schloss

Alsbacher Schloss

Route Hähnlein

Alte Bürgermeisterei – Ev. Kirche – Weilerhügel – Altes Neckarbett

Hähnlein, das seit 1977 zusammen mit Alsbach eine Großgemeinde bildet, wurde 1333 zum ersten Mal urkundlich erwähnt. Dies geschah, als Konrad III. von Bickenbach einen Teil seiner Herrschaft Tannenberg verkaufte und dabei ausdrücklich festgehalten wurde, dass Hähnlein von diesem Verkauf ausgeschlossen sei. Das Dorf entstand aus Einzelhöfen, die sich zur gemeinsamen Verteidigung gegen Raubritter zusammenschlossen.

● Routenstart

Mit Konrad I. wird das Geschlecht der Herren von Bickenbach 1130 zum ersten Mal urkundlich erwähnt. In diesem Jahr weihte der Straßburger Bischof Bruno auf dem Stammsitz, der ‚alten Burg' auf dem Weilerhügel, eine Kapelle ein. 1240 wurde der Herrschaftssitz auf das Alsbacher Schloss verlegt. Der Minnesänger Konrad II. von Bickenbach erbaute die Jugenheimer Bergkirche, wo auf einer Stiftungstafel vom „edlen Herrn Konrad, Herrn auf Tannenberg" die Rede ist. Unter diesem Namen ist er auch in die Sagenwelt eingegangen. Die Sage erzählt, wie er beim Kreuzzug in türkische Gefangenschaft geriet und durch das Harfenspiel seiner Frau befreit wurde. Auch als Minnesänger machte Konrad II. Karriere, wenn auch nur ein einziges seiner Lieder erhalten geblieben ist. Darin heißt es ins Neudeutsche übersetzt:

„Liebet leise und schweigt still,
Diesem Brauch fein aufgepasst!
Wer nur immer prahlen will,
Macht sich immer nur verhasst"

Christoph Wilhelm Hufeland (1762–1836), Mediziner und Leibarzt der preußischen Königin Luise, behandelte auch Goethe, Schiller, Herder und Wieland. ‚Makrobiotik oder die Kunst das menschliche Leben zu verlängern' heißt seine naturkundliche Abhandlung. Von 1798 bis 1805 lebte er mit seiner Ehefrau im Hofgut.

Unser Spaziergang beginnt in der Gernsheimer Straße an dem Haus Nr. 36, im Volksmund ‚Die Anstalt'" genannt, in dem früher die **Alte Bürgermeisterei** ihren Sitz hatte. Hier stand der **Hainer Hof,** ein Gut mit großen Ländereien, das im 5. und 6. Jahrhundert fränkischen Königen und wahrscheinlich seit 1130 den Herren von Bickenbach gehörte. Etwa um 1550 kam der Hof in die Hände der Landgrafen von Hessen, anschließend wechselte das Gebäude mehrmals seine Besitzer, bis es 1714 der hessische General von Prettlack ausbaute. 1798 schließlich kaufte es der Arzt Christoph Wilhelm Hufeland. Heute ist in dem Haus eine Außenstelle der Gemeindeverwaltung, ein Trauzimmer und im Obergeschoss ein Museum, das Geschichte und Entwicklung der Le-

Evangelische Kirche

bensumstände der Menschen in der Gemeinde dokumentiert.

Wir verlassen die Alte Bürgermeisterei, überqueren die Gernsheimer Straße und stehen vor der 1890 erbauten Alten Schule, in der sich heute ein Jugendzentrum befindet. Einige Schritte weiter gelangen wir zur **Evangelischen Kirche.** Hier stand ursprünglich eine aus dem 8. Jahrhundert stammende kleine Waldkapelle, die dem heiligen Laurentius geweiht war. Den Bau der neuen Kirche verdankt die Gemeinde dem fürstlichen Centhauptmann Johann Valentin May (von 1727–1754 Schultheiß von Hähnlein). Er ließ 1728 die Kirche errichten, wobei Teile der Laurentius-Kapelle miteinbezogen wurden, was man an der Sakristei mit ihren Bogenwölbungen sehen kann. Dort gibt es auch ein aus

Museum Hähnlein
Dorfmuseum auch mit Exponaten, die sich mit der Ziegenzucht beschäftigen, für die der Ort früher berühmt war. Außerdem eine alte Küche mit Kohle- und Gasherd, sowie ein ehemaliger Lebensmittelladen.

Gernsheimer Straße 36

Geöffnet nach Vereinbarung

Tel. 0 62 57-56 23 oder 53 89

Die Evangelische Kirche kann auf Anfrage besichtigt werden.

Tel. 0 62 57-23 25
ev.kirchengemeinde-haehnlein@web.de

Fachwerkhaus

dem 16. Jahrhundert stammendes Fensterbild mit der Darstellung des Heiligen Christopherus. Der Bilderfries an den Emporen geht auf den Groß-Gerauer Malermeister Johann Heinrich Neumann zurück und die Wände schmükken Fresken mit Erzählungen aus der Bibel. Die frühgotischen Figuren aus einem Altarschrein um 1500 zeigen Johannes den Täufer mit dem Lamm, den Hl. Sebastian und, für eine Evangelische Kirche außergewöhnlich, Maria mit dem Jesuskind. In der Architektur der Kirche sind besonders die rundbogigen Fensteröffnungen sowie das reich gestaltete Portal an der südlichen Seite hervorzuheben. Der Schultheiß ließ den Friedhof mit einer Mauer umgeben, baute ein Pfarrhaus und sorgte dafür, dass damals die Gemeinde ein Schul- und ein Rathaus erhielt.

Unser Spaziergang führt uns an der nächsten Straßenecke nach links in die Georg-Fröba-Straße. Hier finden wir die ältesten Wohn- und Bauernhäuser Hähnleins, die teilweise aus dem 18. Jahrhundert stammen. Wir gehen weiter bis zur Weilerstraße, die rechts in die Felder zu dem gut sichtbar aus der Ebene ragenden bewaldeten **Weilerhügel** führt. Hier befand sich die ‚alte Burg', vom 11. bis in das 13. Jahrhundert der Sitz der Herren von Bickenbach. Eine für das Mittelalter typische, von einem doppelten Graben umgebene Turmhügelburg, die bis in die karolingische Zeit zurückgeht. Der Spaziergang dorthin dauert ungefähr eine halbe Stunde.

Von der Georg-Fröba-Straße gehen wir noch ein Stück weiter und biegen links in die Spießgasse ein, der wir bis zur Carlo-Mierendorff-Straße folgen und gelangen so wieder zu unserem Ausgangspunkt.

Exkursion

Für einen Spaziergang am alten Neckarbett, dessen Schlingen an der östlichen und südlichen Begrenzung Hähnleins noch gut zu erkennen sind, bietet sich als Ausgangspunkt der vor dem Ortseingang liegende Parkplatz am Friedhof an, von wo man in nördliche (Weilerhügel) oder südliche (Naturschutzgebiet Holzlache) Richtung loslaufen kann. Das Leben des Dorfes war früher vom Wasser bestimmt und dadurch wurde die Arbeit der Hähnleiner Bauern sehr beschwerlich. Das viele Wasser brachte zahlreiche Missernten und eine große Armut mit sich. Auch die Landschaftsbezeichnung ‚Ried‘, was soviel wie Schilf (Reet), Sumpf, Röhrich heißt, deutet auf eine ursprünglich feuchte Region hin.

Zwingenberg

Löwenplatz – Schlösschen – Scheuergasse – Alte Wasserburg – Altes Amtsgericht – Marktplatz – Rathaus – Hofapotheke – Bergkirche – Die Aul – Melibocus

Von Gerty Mohr

Urkundlich erwähnt wurde Zwingenberg 1012 in einem ‚locus getwing', in der Kaiser Heinrich II. den Wildbann im Odenwald dem Kloster Lorsch zum Geschenk machte. Vermutlich diente die erste Besiedlung des Ortes den Grafen zu Katzenelnbogen als Straßensperre zur Wegkontrolle eines Engpasses. Graf Dieter V. von Katzenelnbogen erweiterte Mitte des 13. Jahrhunderts die Sperranlage zur Wohnanlage, die dann 1274 zur Stadt erhoben wurde, somit auch das damit verbundene Marktrecht erhielt und es entstand eine Wasserburg mit Wassergraben und Stadtmauer. Anfänglich musste der Reiseverkehr zwischen Heidelberg und Frankfurt durch das Innere der Anlage, dem alten Pass ziehen. Erst im 15. Jahrhundert entstand außerhalb der Neue Pass. Die Erweiterung der Stadt, jenseits der Mauern, begann im 17. Jahrhundert.

Wir beginnen unseren Spaziergang am **Löwenplatz** vor dem 1595 im Renaissancestil erbauten Gebäude ‚Bunter Löwe', ehemals eine gebannte Herberge, mit der Auflage, für die Reisenden jeweils ausreichend Proviant bereit zu halten.

Routenstart

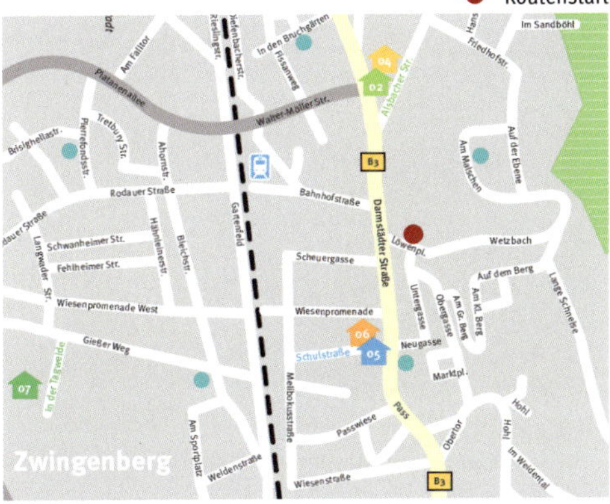

Weinlagen:
Zwingenberger Alte Burg
Zwingenberger Steingeröll

Weingut Simon-Bürkle
Wiesenpromenade 13
Telefon 0 62 51-7 64 46

Restaurant und Weinbistro Bunter Löwe
Löwenplatz 6
Telefon 0 62 51-7 55 16

Tourismus-Information
‚Blüten, Stein und Wein'

Löwenplatz 6

Geöffnet
Mo, Mi 15–17, Do 15–18,
So 11–16 Uhr

Tel. 0 62 51-98 49 50

Heute beherbergt das Haus neben einem gastronomischen Bereich auch das Geopark-Informationszentrum und das Trauzimmer der Stadt Zwingenberg. Wir gehen ein Stück in südlicher Richtung die B 3 – hier Pass genannt – entlang, biegen links in den Stadtpark ein und stehen vor dem **‚Schlösschen'**. Der Repräsentationsbau mit Fachwerk und Turm wurde vor 1500 als Burgmannensitz der Herren zu Frankenstein errichtet und an den Turm der alten Stadtbefestigungsanlage angebaut. Ab 1500 diente er Eberhard von Bischofsrode als Amtssitz. Von 1779 bis 1782 wurde er durch Freiherrn von Moser renoviert. Im vorderen Hof befindet sich ein Treppenturm mit barockem Portal mit Sprenggiebel und Wappen. Heute ist hier das Rathaus untergebracht.

Rathaus

‚Schlösschen', Rathaus

Scheuergasse

Wir gehen zur Parkanlage zurück, überqueren die B3 und sehen auf der anderen Straßenseite ein Denkmal, das Max Teichmann (1874 –1956), den Buchdrucker und Herausgeber des ‚Bergsträßer Boten', darstellt. Das Schaf an seiner Seite wurde ihm für seine herausragende journalistische Arbeit geschenkt. Wir befinden uns hier vor dem Eingang zur historischen **Scheuergasse**, die mit Häusern, in denen sich die Vorratskammern befanden, um 1500 errichtet wurde. Auf landgräflichen Befehl außerhalb der Stadtmauern, denn man befürchtete Plündereien und Brände. Der letzte Brand in der ‚Scheiergass' war 1832. Danach wurden die ehemaligen Fachwerkscheunen mit Bruchsteinen wieder aufgebaut. Seit 1979 ist die Scheuergasse eine Fußgängerzone für Wohn-, Gewerbe- und Kleinkunstzwecke.

Wir folgen der B 3 noch ein kurzes Stück und kommen zur Wiesenpromenade. Hier steht bei

Heimatmuseum
Einblick in längst vergangene Handwerksberufe. Ausstellung von Puppenstuben.

Scheuergasse 11

Geöffnet So 15-18

Tel. 0 62 51-7 39 86

Nr. 8 die ehemalige Synagoge aus dem 18. Jahrhundert.
Wir überqueren nun noch einmal die B 3 und betreten wieder den Stadtpark an der alten Stadtmauer, auch Pierrefonds-Anlage genannt und der französischen Partnerstadt gewidmet. In die Stadtmauer sehen wir Fachwerkbauten aus dem 17. Jahrhundert integriert. Rechts im Park steht eine Sonnenuhr, ein Geschenk der englischen Schwesterstadt Tetbury. Wir überqueren die Neugasse, gehen noch ein Stück durch den Stadtpark und vorbei am Kinderspielplatz. Links sehen wir eine kurze Treppe, die wir hinaufsteigen, vorbei an der Ruine der **Alten Wasserburg**, in deren Mauerresten noch die Katzenelnbogischen Rundbogenfriese zu erkennen sind und stehen auf der Rückseite des **Alten Amtsgerichts**, das 1561–1563 errichtet wurde und den hessischen Landgrafen als Jagdschloss diente. 1693 brannte es ab und wurde im Neo-Renaissancestil wieder aufge-

Altstadt

baut. Wir umrunden den Bau, zunächst nach rechts gehend und gleich wieder nach links. Heute ist hier eine Seniorenbegegnungsstädte eingerichtet, in der alten Wagenremise finden Wechselausstellungen statt und das Kellergeschoss beherbergt das Theater Mobile.

Wir stehen am Eingang zur Straße ‚Obertor', die wir entlang gehen und gelangen direkt auf den historischen **Marktplatz** mit bunter Fachwerkkulisse, entstanden nach dem Brand von 1693. Das augenfälligste Bauwerk ist das ehemalige **Rathaus** von 1701–03. Es hat auf dem Dach ein Glockentürmchen und über dem inneren Portal befindet sich ein Wappen mit dem Schriftzug ZWING BERCK. Schräg gegenüber bei Haus Nr. 9 kommen wir zum heutigen Hotel ‚Freihof'. Der ehemalige Adelshof war 1603 vom Keller Peter Krug erbaut worden, wurde nach dem Brand in 1693 wieder neu errichtet und diente von 1817–1897 als Schulhaus. Der verputzte Bruchsteinbau mit Giebelstellung hat eine Freitreppe, im Obergeschoss Rechteckfenster mit schlicht profilierten Renaissancegewänden und einen rundbogigen Kellereingang. Etwas zurückgesetzt sehen wir bei Nr. 6 ein Fachwerkhaus, das von 1603–1778 als Gemeindebackhaus diente und von 1805–1817 das ‚Mägdleinschulhaus' war. Besonders erwähnenswert ist die ehemalige **Hofapotheke** inmitten der Häuserzeile der Ostflanke, die 1786 von Fabricius gegründet wurde und bis 1972 bestand. Fabricius bildete hier Ludwig Koch (1786–1865), den Gründer der ersten pharmazeutischen Fabrik in Deutschland, zum Apotheker aus.

Der Marktplatz-Brunnen ist nur noch ein Überrest einer Trogbrunnenanlage aus dem Jahre 1833. In der Mitte befindet sich eine Säule, die

Theater Mobile
Obertor 1
Tel. 0 62 51-7 95 79

In der Hofapotheke arbeitete auch der Pharmazeut **Ferdinand Ludwig Winkler** (1801–1868), der die medizinische Wirksamkeit eines Stoffes aus Chinarinde zur Bekämpfung der Malaria erkannte.

Bergkirche

auf einem Akanthuskapitel einen Delphin mit Dreizack trägt.

Wir gehen weiter entlang der Obergasse, vorbei an Fachwerkhäusern aus dem frühen 18. Jahrhundert. Am Haus Nr. 17 biegen wir rechts in die Straße ‚Am kleinen Berg' ein. Wir folgen dem kopfsteingepflasterten Weg bergauf und erklimmen dann die Stufen, bis wir oben ‚Auf dem Berg' vor der evangelischen **Bergkirche** stehen, die Dieter von Katzenelnbogen 1258 er-

Weg zur Bergkirche

Die Aul

bauen und auch den Friedhof anlegen ließ. Die weiß verputzte Kirche mit angebautem Turm erlitt 1693, während der Zerstörung der Stadt, großen Schaden. Bei der Erneuerung wurde ein Tonnengewölbe eingezogen und 1872 wurde der hölzerne Altar eingesetzt. Die Kanzel und die bemalte hölzerne Umrahmung der Empore wurden um 1830 erneuert. Aus dem gleichen Jahr stammt die Orgel auf der kleinen Empore im oberen Altarraum. Die bemalten Glasfenster stammen aus der Zeit um 1910. Neben drei neueren Glocken befindet sich im Turm auch ein Totenglöckchen von 1708. Die Stützmauer unterhalb der Kirche wurde 1660–1675 errichtet. Von der Balustrade hat man einen schönen Ausblick über die Rheinebene.

Wir verlassen das Kirchengelände an der vorderen Treppe und wenden uns ‚Auf dem Berg' nach rechts und sehen links die im 16. Jahrhundert erbaute Alte Kellerei, einst Freisitz derer von Hardenau. Nr. 9 wurde im 16. Jahrhundert

als Adelssitz der Echter von Mespelbrunn erbaut und war von 1652–1751 das Schulhaus. Wir folgen der Straße in leichter Linkskurve bis wir vor einem runden Nordostturm aus unverputztem Bruchsteinmauerwerk stehen. Es handelt sich um die sogenannte **Aul**, einen Teil der ehemaligen Befestigungsanlage aus dem 15. Jahrhundert. In das Türmchen mit Spitzhaube ist die Jahreszahl 1532 eingeritzt. Der Name Aul steht entweder mit gebrannten Ziegeln in Zusammenhang, oder kommt vom lateinischen ‚Olla', was runder Topf bedeutet.
Wir kehren um, gehen bergabwärts und biegen neben dem Haus Nr. 85 ein. Treppen und ein kurzer Weg führen uns wieder hinunter bis zur Straße ‚Wetzbach'. Von hier sind es nur noch wenige Schritte bis zu unserem Ausgangspunkt am Löwenplatz.

Exkursion

Der Melibokus mit seiner markant bewaldeten Berggestalt ist der Zwingenberger Hausberg. Er hat eine Höhe von 517m. Auf seiner Spitze erhebt sich ein 1966 errichteter Aussichtsturm.

Exkursion

Den Ortsteil Rodau, der 782 erstmals urkundlich erwähnt wurde, erreicht man von Zwingenberg aus in etwa 3,5 km über eine Brücke der Kreisstraße K67. Sehenswert ist das in der Hauptstraße stehende ehemalige Rathaus. Über dem Eingang befindet sich eine Sandsteintafel mit der Inschrift: „Dieses Bet-, Schul- und Rathaus ist erbaut worden im Jahre 1810".

Bensheim

Marktplatz – Pfarrkirche St. Georg – Roter Turm – Rodensteiner Hof – Rinnentorturm – Katholische Hospitalkirche St. Joseph – Mittelbrücke

Von Robin Markowski

Marktplatz

Weinlagen:
Bensheimer Kalkgasse
Bensheimer Kirchberg
Bensheimer Streichling
Bensheimer Hemsberg
Bensheimer Paulus
Bensheimer Wolfsmagen

Auerbacher Höllberg
Auerbacher Rott
Auerbacher Fürstenlager
Schönberger Herrnwingert

Bensheim, 765 erstmals als Basinsheim urkundlich erwähnt, erhielt im Jahr 945 das Marktrecht und im Jahr 1325 Freiheiten, die an die Rechte einer Freien Reichsstadt heranreichen. Heute leben in der größten Stadt des Landkreises Bergstraße und ihrer neun Stadtteile rund 40 000 Einwohner.

Wir starten unsere Route auf dem leicht ansteigenden, von Fachwerkbauten umsäumten **Marktplatz**. Zentraler Mittelpunkt ist der Marktbrunnen von 1895. Das runde Sandsteinbecken trägt einen vierseitigen Brunnenstock, der gekrönt wird von der Figur des Stadt- und Kirchenpatrons St. Georg, als drachentötender Ritter dargestellt. Neben dem hessischen Staatswappen sind Reliefs allegorischer Figuren der Gerechtigkeit, des Ackerbaus und des Handwerks eingefügt und die Kinderfiguren an den Ecken des Brunnenstocks symbolisieren die vier Jahreszeiten.

Von den drei an der Südseite des Marktplatzes gelegenen 1682 erbauten Häusern wurde das linke, bekannt als Haus Bormuth, vom Barbier Friedrich Bock in Auftrag gegeben. Das **Fachwerkgebäude** mit aufgeschobenem Satteldach zeigt im Obergeschoss Mann-Verstrebungsformen, gekreuzte Rauten und das Feuerbockmotiv. Bauherr des mittleren Hauses war der

Der Marktplatz ist Hauptbestandteil des seit 1929 stattfindenden Winzerfests, das im September stattfindet. Mehrere zehntausend Menschen aller Altersklassen besuchen regelmäßig das größte südhessische Weinfest mit Festumzug und Brillant-Feuerwerk. Rund 160 Weine werden im Winzerdorf am Marktplatz sowie in der angrenzenden Fußgängerzone angeboten.

● Routenstart

Marktplatzbrunnen mit St. Georg

Bendtler (=Bandweber) Hans Schellhorn und Auftraggeber des westlichsten der drei homogenen Bauten war der Stadttambour und Tüncher Cornelius Straub.

Das Haus Nr. 22, der ehemalige Gasthof ‚Zur Armbrust', ist ein dreigeschossiger Fachwerkbau von 1615, an dessen Erker Tafeln mit den Wappen des Erbauers angebracht sind.

Unser Weg führt uns leicht hügelan, rechts vorbei am Haus am Markt von 1979, zum **Lorscher Klosterhof.** Bensheim gehörte ab dem 8. Jahrhundert zum Besitz des Klosters Lorsch, das sich hier einen Verwaltungssitz einrichtete. Nach 1782 beherbergte das Gebäude den städtischen Amtskeller. Heute ist hier das städtische Museum untergebracht. Der zum Kirchenvorplatz gewandte Teil, eingeschossig mit barockem Eingangsportal sowie einer Tür im Stil des vorrevolutionären Klassizismus, trägt ein Satteldach. Die Südwand des Museums ist zweigeschossig aus massivem, mittelalterlichem Mauerwerk und hat ein Fachwerk-Obergeschoss von 1590.

Links vor uns liegt die katholische **Pfarrkirche St. Georg,** die auf eine Basilika aus dem frühen Mittelalter zurückgeht und mehrmals umge-

Museum der Stadt Bensheim

Das 1909 gegründete Museum zeigt auf 600 qm neben der Stadtgeschichte Exponate der Vor- und Frühgeschichte, der Landwirtschaft und des Weinbaus.

Marktplatz 13

Geöffnet Do, Fr 15–18 Uhr
Sa, So 12–18 Uhr

Tel. 0 62 51 - 5 84 78 68
www.stadtkultur-bensheim.de
museum@bensheim.de

Pfarrkirche St. Georg

baut wurde. 1826 bekam der Architekt Georg Moller den Auftrag für einen Neubau, den er 1830 abschloss. Nach teilweiser Zerstörung im Zweiten Weltkrieg wurde die Kirche zwischen 1949 und 1953 unter Verwendung von älterer Bausubstanz wieder errichtet. An der Fassade sehen wir eine Reliefplatte, auf der das Lamm mit Nimbus und Kreuzfahne dargestellt ist, zugleich gibt es weitere Reliefs, Aufsätze und Wasserspeier mit Tiergestalten. Während sich das äußere Erscheinungsbild des Neubaus durch die zwei hinzugefügten Westtürme stark veränderte, wurde im Inneren das klassizistische Erscheinungsbild weitgehend wiederhergestellt. Als Relikte der Vorgängerkirche entdecken wir im nördlichen Seitenschiff die Figur einer weiblichen Heiligen mit Krone und Zepter aus dem frühen 16. Jahrhundert. Ebenso ist das von Moller entworfene Weihwasserbekken erhalten. Das Altarbild in der Nordkapelle mit einer Darstellung des Hl. Georg entstand

1832/1833 (Philipp Veit) und im gleichen Jahr in der Südkapelle die Muttergottes mit Lilie. Der Glatzer Platz vor der Pfarrkirche verweist auf die Partnerstadt im Südwesten Polens.
Wir gehen links an der Kirche und dem angrenzenden Pfarrhaus vorbei, betreten durch ein Gittertor einen schmalen Weg, über den wir in die Obergasse und zum **Roten Turm** gelangen. Um 1300 als Teil der Stadtmauer errichtet, erhielt der Turm im 19. Jahrhundert den Zinnenkranz mit Rundbogenfries. Während der Deutschen Revolution 1847/48 nutzte man ihn als Gefängnis, weshalb er auch Bürgerturm genannt wird. Zu Beginn des 20. Jahrhunderts diente er als Wasserhochbehälter. An der Südseite sind zwei Eckkonsolen mit Figuren angebracht, darüber befindet sich ein wasserspeiender Wolfskopf.
Wir umrunden den Turm nach rechts, kommen in die Nibelungenstraße, auf der wir einige Meter nach rechts gehen und dann wieder rechts in die Platanenallee einbiegen. Hier sehen wir auf der gegenüberliegenden Straßenseite die **Alte Gerberei**, die 1873 als Rindenmagazin mit Gerberwerkstätte errichtet wurde. Der Granitsteinbau, in dem heute ein Varietétheater untergebracht ist, besteht aus zwei hohen, parallelen Satteldachbauten und einem Mittelbau mit Einfahrtsbogen.
Wir kehren zum Roten Turm zurück, sehen auf der anderen Seite der Nibelungenstraße den **Bendheim-Platz** mit einem Mahnmal aus dem Jahr 2000, das hinweist auf die ehemals an dieser Stelle befundene Synagoge, die 1892 erbaut worden war. Wir gehen wieder zurück in die Obergasse, auf der wir bald zum rechtsseitig gelegenen, ursprünglich um 1395 erbauten **Walderdorffer Hof** kommen. Der langgestreck-

Varieté-Theater PEGASUS
Platanenallee 5
Tel. 0 62 51-98 90 50
info@pegasus.de

Heinrich Bendheim II (1831–1897) war von 1889 bis 1897 Vorsteher der israelitischen Religionsgemeinde Bensheim.

Stadtpark, Rodensteiner Hof

te Fachwerkbau, dessen vorspringendes Obergeschoss von Holzbalken gestützt wird, entstand im 17. Jahrhundert. Über dem Eingang hängt das schmiedeeiserne Familien-Wappen. Es zeigt drei gekrönte Löwen und als Helmschmuck einen offenen Flug.

Die Obergasse mündet in die Fußgängerzone und wir sehen vor uns den Nibelungenbrunnen von 1972 (Friedrich Höfer). Den Brunnenstock mit rundem Diabasstein (Grünstein) und Szenen aus der Nibelungensage, krönt der Nibelungenschatz. Wir wenden uns nach rechts und kommen zum Ritterplatz, dessen Name auf das ehemalige Gasthaus ‚Zum Ritter' zurückgeht. Auf der gegenüberliegenden Straßenseite betreten wir rechts durch ein Gittertor den **Stadtpark,** der im 19. Jahrhundert mit Ziergrünflächen angelegt wurde. 1934 erfolgte die Erweiterung bis zum Blütenweg in seiner heutigen Form als englischer Landschaftspark. Gleich links steht ein klassizistisches Gartenhaus mit hohen Rundbogenöffnungen, das parkseitig von einem Dreiecksgiebel mit Konsolfries bekrönt wird. Rechts sehen wir die Bronzefigur des **Rübezahl.** Der Geist des Erzgebirges verweist auf die Städtepartnerschaft mit dem tschechischen Arnau/Hostinne. Vor uns liegt der **Rodensteiner Hof**, ein ehemaliger Adelshof, der um 1570 errichtet wurde und dessen mit oktogonaler Spitze versehener Turm 1833 entstand. Der siebenachsige Bau beherbergte lange Zeit das Rathaus (heute nördlich der Innenstadt im ehemaligen bischöflichen Konvikt). Wir folgen den schattigen Wegen zum oberen Parkbereich. Von hier bietet sich ein Blick auf die mit Wein bepflanzten Hänge des Kirchbergs mit dem klassizistischen **Kirchberghäuschen**, einem Ausflugslokal (Michael Mittermayer, 1846–49), das man in einem etwa zwanzigminütigen Spaziergang erreichen kann. Eine gehisste Flagge signalisiert, dass die Gastwirtschaft geöffnet ist. Von dort ist es nur ein kurzer Weg in nordöstlicher Richtung zum Kirchberg-Gipfel, wo ein

Kirchberghäuschen

Gedenkstein aufgestellt ist zur Erinnerung an die Ermordung von zwölf deutschen und ausländischen Gefangenen im März 1945 durch die Gestapo.
Wir kehren zum Stadtpark-Eingang zurück, überqueren den Ritterplatz und folgen der Rodensteinstraße nach rechts bis zur Promenadenstraße, in die wir nach links einbiegen. Gleich links sehen wir das Parktheater und vor uns liegt der Beauner Platz, benannt nach der Partnerstadt im französischen Burgund. Wir wenden uns nach links, passieren den Vorplatz des Parktheaters, kommen vorbei an der Bronzeplastik des Künstlers Laszló Szabo von 1971 und haben auf der rechten Seite das Bürgerhaus. Der Stufenweg, die Dalberger Gasse, führt uns direkt zum **Dalberger Hof**, einem Adelshof aus dem 16. Jahrhundert, mit einem Turm von 1587. Der Hauptbau ist langgestreckt mit konsolgestützter, offener Fachwerkgalerie im Süden und einem abschließenden Walmdach. Die Schieferhaube stammt aus dem 18. Jahrhundert. Auf der Nordseite des Gebäudes ist noch ein Stück der ehemaligen Stadtmauer zu sehen.
Durch den Torbogen des Dalberger Hofs wenden wir uns nach rechts in die Gasse ‚Am Bürgerhaus' und erreichen bald auf der rechten Seite den **Hohenecker Hof,** erbaut 1756 und benannt nach dem Mainzer Domdekan Baron von Hoheneck. Über massivem Erdgeschoss und verputzten Obergeschossen ist das barokke Fachwerk zu erkennen. Auf der neugotischen Portalanlage steht die Figur des Johannes von Nepomuk. Der über der Pforte eingemauerte Schlussstein von 1533 stammt wahrscheinlich aus einem Vorgängerbau der Adelsfamilie von

Waldbrunn. Gegenüber stehen Fachwerkbauten aus dem 17. Jahrhundert.
Nur wenige Meter weiter kommen wir zur Bahnhofsstraße, die wir überqueren und genau gegenüber in die Wambolterhof-Passage (rechts liegt das Hotel Präsenzhof) einbiegen. Am Ende des Durchgangs wenden wir uns nach links und sehen rechts den **Wambolter Hof**, der 1733 als zweistöckige Flügelanlage unmittelbar an der Stadtmauer erbaut wurde. Auf dem Hauptportal ist das Allianzwappen Wambolt-Kesselstadt zu sehen. Im Keller befindet sich ein Theater. Wir gehen um das Gebäude herum zum Spielplatz des Heinrich von Gagern-Platzes, dann weiter entlang an dem Flüsschen Lauter, das wir auf der Brücke überqueren. Wir stehen jetzt auf dem Mohacs-Platz, der nach der Partnerstadt in Südungarn benannt ist und sehen vor uns den **Rinnentorturm.** Der quadratische Wehrturm der ehemaligen Stadtbefestigung von 1300 ist in der oberen Hälfte mittels eines Rundbogenfrieses in oktogonaler Form weitergeführt, hat einen offenen Rundlauf und ist mit einem Spitzdach gedeckt.
Weiter geht es durch die Gerbergasse mit ihren Fachwerkbauten, in denen einst Gerber und

Hospitalkirche St. Joseph

Pipapo Kellertheater e.V. bietet neben Vorstellungen für Groß und Klein, wechselnde Gastspiele und Veranstaltungen.

Am Wambolter Hof 8
Tel. 0 62 51 - 6 77 40

Dr. Wilhelm Heinrich August Freiherr von Gagern (1799–1880) war Abgeordneter des Wahlkreises Bensheim/Bergstraße, Präsident der Frankfurter Nationalversammlung und Reichsministerpräsident 1848–1849.

Färber ihren Dienst taten und wir gelangen in die Hauptstraße. Rechts sehen wir das **Marienhaus** von 1597. Bei dem Gebäude mit massivem Erdgeschoss, zwei Fachwerkobergeschossen und Krüppelwalmdach handelt es sich um das ehemalige Gasthaus ‚Zum schwarzen Bären'. Das Haus daneben, Nr. 81, stammt aus dem 18. Jahrhundert und wurde 1935 mit geometrisch-ornamentalen Sgraffitoputz in der Giebelwand versehen. Einige Meter weiter befindet sich die **Katholische Hospitalkirche St. Joseph**. Der rechtseckige Saalbau mit Satteldach und rotem Sandsteinmauerwerk wurde im 14. Jahrhundert für das Heilig-Geist-Spital erbaut und diente während des ausgehenden Mittelalters als Krankensaal. Den davor aufgestellten **Hospitalbrunnen**, ein runder Sandsteinbrunnen von 1526, zieren seit 1935 zwei Putten. Das Rankenwerk der mit Weintrauben geschmückten Ausgussrohre fertigte im gleichen Jahr der Künstler Christian Schütz.

Wir wenden uns nach links in die Hauptstraße und wandern die Fußgängerzone entlang. Dabei passieren wir den sandsteinernen Bacchusbrunnen von Heinrich Metzendorf, kommen vorbei an Fachwerkhäusern, von denen einige um 1600 entstanden sind und stehen schließlich vor der **Mittelbrücke**, die in ihrer jetzigen Form auf 1733 datiert ist. Die Figuren auf den Brüstungsmauern zeigen den Hl. Nepomuk, Schutzpatron gegen Wassergefahren, und gegenüber den Hl. Franz Xaver, Patron aller Missionare, der Seereisenden und Indiens.

Wir überqueren die Brücke und gelangen zum **Bürgerwehrplatz** mit Brunnen, in dessen oktogonale Schale von 1934 die klassizistische Säule gesetzt wurde, die bis 1895 den Brunnen am Marktplatz zierte. Links davor steht die Domkapitelfaktorei, die 1732 an Stelle des Rüdigheimer Hofs errichtet wurde. Dem ursprünglich zweigeschossigen Massivbau wurde 1874 das oberste Stockwerk mit Mansarddach hinzugefügt. Die Figur über dem Portal zeigt den heiligen Aloisius. Heute befindet sich hier die Touristinformation. Rechts neben dem Gebäude sehen wir das Mahnmal ‚Stolperstein' (Rainer Negrelli, 1995), das an die Deportierung jüdischer Einwohner während der Zeit des Nationalsozialismus erinnert. Der aus dem Boden herausbrechende langgestreckte Keil aus Bronze stellt die oberste Spitze des Hakenkreuzes dar. Ein kurzes Stück weiter entlang der Hauptstraße sehen wir rechts das **Haus Fleck**, Nr. 48, die ehemalige Fleischschramme, in der Metzger unter städtischer Aufsicht ihre Waren anboten. Das dreistöckige Gebäude mit Krüppelwalmdach wurde um 1500 erbaut. 1922/23 erfolgte die Erneuerung des massiven Erdgeschosses durch Heinrich Metzendorf. An der westlichen Hausecke ist die Figur des Hl. Joseph angebracht.

Durch den Torbogen gelangen wir in die Erbacher Straße und zur Stadtmühle von 1900. Auf dem Platz vor uns befindet sich ein Brunnen mit vierseitiger Schale und entsprechendem Brunnenstock mit der krönenden Figur der „**Fraa vun Bensem**“ (Tilman Zobel, 1935), die im Dreißigjährigen Krieg bayrischen Truppen einen Geheimweg in die Stadt gewiesen haben soll, um die französischen und schwedischen Soldaten aus der Stadt zu jagen.

Links von uns, durch eine schmale Gasse erreichbar, sind wir wieder am Marktplatz angelangt.

Touristinformation Bensheim
Hauptstraße 39
Tel. 0 62 51 - 5 82 63

Route Auerbach

Auerbach – Bachgasse – Fürstenlager – Auerbacher Schloss

Der Steinmetz und Architekt **Heinrich Metzendorf** (1866–1923) studierte an der Technische Universität Darmstadt und wurde 1901 von Großherzog Ernst Ludwig zum Professor ernannt. Heinrich Metzendorf plante zahlreiche architektonisch wertvolle Gebäude, was ihm den Namen „Baumeister der Bergstraße“ einbrachte und war an vielen weiteren Gebäuden beteiligt. Sein eigenes Wohnhaus befindet sich in der Ernst-Ludwig-Straße 25 in Bensheim und sein Grabmal ist auf dem Bensheimer Friedhof zu sehen. Die beiden jüngeren Brüder Franz und Heinrich waren ebenfalls Architekten.

Auerbach wurde 784 erstmals erwähnt und entwickelte sich aus dem Haufendorf Urbach. 1939 wurde der Ort zu Bensheim eingemeindet und 1955 als Luftkurort staatlich anerkannt.
Entlang der Darmstädter Straße im Norden von Bensheim und in deren Seitenstraßen stehen die Bergsträßer Villen. Etliche davon wie Nr. 65 von 1902, ein Putzbau mit dreiseitigem Erker über den zwei Geschossen und Nr. 77, eine Villa von 1896 aus gelbem Bachstein und Walmdach, wurden von Heinrich Metzendorf geplant. Auch das Haus Nr. 85 von 1905, ein Putzbau mit Fachwerk im Türmchen entwarf der Architekt der Bergstraße. Ebenfalls von Heinrich Metzendorf geplant wurden in der Darmstädter Straße bei Nr. 125 das Kutscherhaus Seyfahrt, ein giebelständiges Wohnhaus aus gelbem Sandstein mit hohem Mansarddach und Nr. 133, ein roter Ziegelbau von 1897/98 über einem Granitsockel mit Sandsteinkanten, hohem Krüppelwalmdach und angesetztem Rundturm im Südwesten.

Nr. 137 ist ein für den Historismus typischer Bau mit Kniestock in Fachwerk und Satteldach. Weiter im Norden steht bei Nr. 233 ein zweigeschossiger Putzbau von 1901 mit Walmdach und hohem Granitsockel und gegenüber bei Nr. 232 ein Gebäude in ähnlicher Gestaltung mit Rundturm an der Südwestkante, beide von einer großzügigen Gartenanlage umgeben.

Wir starten unsere Route an der Kreuzung Darmstädter Straße und Bachgasse vor dem **Parkhotel Krone** von 1611, dessen heutiges Aussehen auf einem Umbau von 1903 zurückgeht. Die Krone war ein wichtiger Zwischenstopp für Reisende und nahm während der Blütezeit des Fürstenlagers die zahlungskräftigen Badegäste auf. Der Dichter Joseph Victor von Scheffel) fand hier als Flüchtling 1849 Herberge.

Entlang der Bachgasse kommen wir bei Nr. 26 zur Alten Kaserne, einem verputzten giebelständigen Militärbau aus dem frühen 19 Jahrhundert, in dem die Wachsoldaten des nahen Fürstenlagers untergebracht waren. Im Haus Nr. 28 sehen wir, weit zurückgesetzt von der Straße, die ehemalige Synagoge von 1815. Das Gebäude entging der Zerstörung, da es seit 1908 nicht mehr offiziell in Benutzung und im Besitz einer christlichen Familie war. Im Inneren befinden sich rekonstruierte Deckenmalereien. Seit 1986 steht das Haus für Veranstaltungen zur Verfügung.

Etwas weiter auf der linken Seite sehen wir den ‚Parrebrunnen' von 1859, benannt nach dem Pfarrhaus gegenüber, das 1975 abgebrochen wurde. Wir gelangen zur Kreuzung Bachgasse/Weidgasse und stehen vor dem ehemaligen Rathaus, das zu Beginn des 19. Jahrhunderts errichtet, 1859 aufgestockt und erweitert wurde.

Detail Wohnhaus H. Metzendorf

Volksbank-Filiale
Darmstädter Str. 196

Joseph Victor von Scheffel (1826–1886) war ein deutscher Schriftsteller und Autor mehrerer bekannter Liedtexte. Er gilt als indirekter Begründer des Biedermeier.

Auerbacher Synagogenverein

1. Vorsitzender
Karlheinz Storch

Lilienweg 6
67551 Worms

Tel. 0 62 41-93 31 55

Am zweiten Wochenende im Juli wird seit 1987 das traditionelle Bachgassenfest gefeiert. Mehrere tausend Besucher wohnen dem dreitägigen Fest, dessen Höhepunkt der seit 2005 stattfindende Grand Prix der Seifenkisten bildet, alljährlich bei.

Das Gebäude mit strenger regelmäßiger Fassadengliederung und zentraler zweiflügeliger Eingangstür, die dem Spätklassizismus zuzuordnen ist, trägt ein Satteldach mit vierseitigem hölzernen Dachreiter von 1893. Wir biegen links in die Weidgasse ein und sehen einige Meter weiter links in der Kappengasse das Weinhaus Scherer von 1808, genannt ‚Blauer Aff', ein Fachwerkbau mit expressionistisch gestaltetem Eingang, hohen breitgelagerten Fenstern und zentralem Zwerchhaus im Satteldach. Der Name geht auf einen blauen Anstrich und den Besuch rheinländischer Gäste in den 1930er Jahren zurück (‚aff' bedeutet rheinländisch angetrunken).

Weiter entlang der Weidgasse kommen wir bei Nr. 9 zu einem um 1600 errichteten Fachwerkhaus, das im Obergeschoss mit Mann-Figuren und Andreaskreuzen verziert ist. Wir kehren zur Bachgasse zurück, die wir schräg überqueren und nehmen erst den Kirchweg, dann die Treppenstufen hinauf zur **Bergkirche**, deren ältester Teil Mitte des 13. Jahrhunderts entstand. 1479 kam der westliche Glockenturm hinzu. 1900–1901 erhielt die Bergkirche ihr heutiges Erscheinungsbild. Das Innere besteht aus einem Kreuzgewölbe mit hohen Spitzbogenfenstern und Maßwerk. Die zweiflügelige Tür aus dem 13. Jahrhundert, die die Turmhalle vom Kirchenschiff abschließt, trägt die Inschrift 1479. Das im Chorbogen schwebend aufgehängte schmiedeeiserne Triumphkreuz mit dem hölzernen Corpus Christi stammt von 1684, der Taufstein in Gestalt einer Renaissancemuschel von 1608. Durch ein Eisentor mit Sandsteinrundbogen, der von einem Schlussstein mit Blütenmotiv gekrönt ist, verlassen wir den alten Friedhof, der die Kirche umringt. Neben dem Tor befindet sich der Eigenbrodtbrunnen (Heinrich Metzendorf, 1910). Das Brunnenbecken ist in gelbem Sandstein mit rahmenden kannelierten Rundstützen und einer Verdachung mit Wellenornamentik gefertigt.

Wieder zurück in der Bachgasse gehen wir nach rechts zu Nr. 66. Das Haus mit geschweiftem Renaissancegiebel wurde im 16. Jahrhundert als Sitz eines Amtsträgers errichtet und früher als Gasthaus ‚Zum Schwan' genutzt. Auf der gegenüberliegenden Straßenseite liegt die **Dorfmühle**, erstmals 1408 als Erbleihmühle erwähnt. Das Gebäude mit Fachwerk im Obergeschoss stammt von 1788, der Mühlbetrieb wurde 1972 aufgegeben. An der nördlichen Außentreppe erkennt man Restbestände der ersten Auerbacher Wasserleitung von 1830. Seit einem Umbau 1985 beherbergt der Gebäudekomplex ein Atelier, Wohnungen und eine Gaststätte. Im Innern sind Wandvertäfelungen und eine Tür im Jugendstil erhalten.

Einige Meter weiter wenden wir uns nach rechts, überqueren den Bachlauf und befinden uns vor dem Eingang zum Fürstenlager. Hier steht bei Nr. 80 das giebelständige, mit Fachwerk und aufgeschobenem Dach versehene **Jägerhaus**, das der Landgraf um 1800 errichten ließ. Der Rechtskurve folgend erreichen wir den **Staatspark Fürstenlager** mit Quellen, auf deren heilendes Wasser man Anfang der 1730er Jahre aufmerksam wurde. Der Barbier und Oberschultheiß Georg Nikolaus Gerst ließ drei Quellen fassen, doch Kompetenzstreitigkeiten und fehlende finanzielle Mittel bereiteten dem Vorhaben rasch ein Ende. Erst 1766 wurde die Wiederinstandsetzung des Quellgebiets mit

Pfarrer Dr. Karl Eigenbrodt war Vorsitzender des Auerbacher Kur- und Verschönerungsvereins.

Fürstenlager

einem provisorischen „Badbiet“ in die Wege geleitet. Nachdem Landgraf Ludwig VIII. von Hessen-Darmstadt 1767 das Bad besuchte und infolge den Guten Brunnen errichten ließ, war der Ruf der Quelle endgültig gefestigt. Mehrere hundert Gäste kamen täglich, obwohl keine geeignete Möglichkeit der Wassererwärmung bestand und man sich zumeist auf Trinkkuren beschränkte. 1783 wurde der Park mit den Quellen zur fürstlichen Sommerresidenz erhoben, und um seinen Gästen eine fürstliche Unterkunft zu gewährleisten, ließ Landgraf Ludwig X. zwischen 1790 und 1804 mehrere Gebäude errichten. Nach dem Tod von Großherzogin Louise 1829 endete die Blütezeit des Fürstenlagers.

Wir wandern entlang der Lindenallee – die Bäume wurden 1805 gepflanzt – vorbei am Schwanenweiher und Ententeich und gelangen zum ‚Dörfchen’, in das sich die fürstliche Familie zur Sommerfrische zurückzog. Zunächst kommen wir vorbei am Fremdenbau, in dem auswärtige

Gäste untergebracht wurden, dann am Stallbau mit seinen Wagenremisen und Pferdeboxen, welcher der Verwaltung als Lager- und Geräteraum diente. An ihn schließt sich der Kavaliersbau an, in dem Hofkavaliere und engere Gäste des Fürstenhauses nächtigten. Etwas zurückgesetzt liegen die Wirtschaftsgebäude: der Konditoreibau (um 1790–92 ursprünglich mit Malerei, Magdstube und Kuhstall, später umgebaut), die Küche und das Haus des Brunnenverwalters. Zur gleichen Zeit erbaut wurden der Prinzenbau rechts am Hauptweg und der Damenbau auf der linken Seite, eingeschossige Mansarddachbauten mit symmetrisch über Treppenanlagen erreichbaren Eingängen. Das links neben dem Damenbau liegende Weißzeughäuschen diente ursprünglich als Badehaus.

Der **Gute Brunnen** von 1768, zwischen Damenbau und Herrenhaus, ist eine im Boden versenkte und mit modernen 20-eckigem Gitter umzäunte bruchsteinerne Rundanlage, in die drei Treppen hinunter führen. Im Innern liegt der eigentliche Brunnen, daneben steht ein runder Tisch, auf dem die Badegäste ihre Getränke abstellten. Die umlaufende steinerne

Wachthäuschen

Museumsshop und Ausstellungsräume im Fremdenbau

Geöffnet
Sa, So und feiertags
12–18 Uhr
von April bis Oktober

Tel. 0 62 51-9 34 60

Sitzbank wird durch zwei Wandbrunnen unterbrochen, bei denen aus löwenkopfähnlichen Masken das Wasser in kleine kastenförmige Tröge fließt.

Weiter kommen wir linksseitig zum **Herrenhaus**, dem ehemaligen Wohnsitz der großherzoglichen Familie, ein zweigeschossiger Bau mit flachem Walmdach und dreiachsigem Mittelrisalit. Heute ist ein Hotel mit Gastwirtschaft darin untergebracht. Gegenüber am Südhang befindet sich das Wachthäuschen, das 1804 hierher versetzt wurde. Am Hang, vom Herrenhaus verdeckt, steht der Kammerbau, in dem die Kammerdiener untergebracht waren.

Wer den Park weiter erkunden möchte, stößt auf versteckte Denkmäler und exotische Gehölze wie den 150 Jahre alten **Mammutbaum** und die japanischen Sicheltannen auf der Herrenwiese. In der im 19. Jahrhundert errichteten Voliere südöstlich des Herrenhauses werden

Fürstenlager Allee

Freundschaftstempel

auch noch heute Vögel gehalten. Oberhalb der Herrenwiese liegt der Freundschaftstempel (1998), der die baufällig gewordenen Vorgänger ersetzt. Folgt man, am Herrenhaus geradeaus, dem leicht ansteigenden Weg der Allee nach Schönberg, kommt man am östlichsten Parkrand zur **Eremitage** von 1787, eine mit Rindenholz verkleidete Ensiedelei. Südlich davon liegt der Ernst-Ludwig-Tempel, eine Anfang des 20. Jahrhunderts zum Gedenken an den letzten Großherzog aufgestellte Schutzhütte. Nördlich des Herrenhauses befindet sich die Grotte von 1790/91, deren Innenwände ursprünglich mit farbigen Kristallen verkleidet waren. Daneben auf dem Champignonberg wurden 1787 runde Steinplatten aufgestellt, die als Tische dienten und noch vorhanden sind. Von hier bietet sich ein eindrucksvoller Blick in die Rheinebene. Weiter östlich steht das Luisendenkmal, 1786 von Erbprinzessin Luise in Erinnerung an ihre beiden verstorbenen Schwestern Friederike und Charlotte in Auftrag gegeben.

Exkursion

Im unteren Fürstenlager verweist ein Schild auf den etwa vier Kilometer langen Wanderweg zum **Schloss Auerbach**, ursprünglich Burg Auerberg, das auf eine erste, um 1225 errichtete Burganlage der Grafen zu Katzenelnbogen zurück geht. 1635 kam es zur Plünderung durch schwedische und französische Soldaten, 1674 stürmte der Duc de Turenne mit einem Söldnerheer die Burg, die darauf hin zur Ruine verfiel. Anfang des 20. Jahrhunderts erfolgte die Renovierung. Die dreiseitige Burganlage wird von zwei Umfassungsmauern umgeben. Über eine Brücke gelangt man in den äußeren Zwinger,

Schloss Auerbach

dann vom schmalen Innenzwinger in die Kernburg. Die Ostecke ist durch ein mächtiges Bollwerk befestigt, von dem aus die Schildmauer mit Wehrgang zum nordwestlichen Turm führt. Mauerreste im Burghof lassen die ursprüngliche Anordnung der Gebäude erahnen. An der äußeren Zwingeranlage steht heute anstelle der mittelalterlichen Stallungen die Burggaststätte. Hinter dem Brunnenschacht liegt das dreigeschossige Palas mit einer Treppe auf das Bollwerk und zur kleinen Burgkapelle. Auffällig ist die 300 Jahre alte Bonsai-Waldkiefer unterhalb des Aussichtsturms.

Lorsch

Karolingerplatz – Benediktinerplatz – Marktplatz – Fachwerkgebäude – Altes Rathaus – Nibelungensaal – Brunnen Tabaknäherin – Kirche St. Nazarius – Stadthaus – Katholisches Pfarrhaus – Palais von Hausen – Königshalle – ehemalige Klosterkirche – Kräutergarten – Kloster Altenmünster

Von Charlotte Ickler

Die erste urkundliche Erwähnung reicht in das Jahr 764 zurück, als der Wallfahrtsort und das Kloster Lorsch einen großen Anziehungspunkt darstellten. Fast 500 Jahre war das Reichskloster ein religiöses, kulturelles, wirtschaftliches und machtpolitisches Zentrum. 1232 verlor der Ort seine Selbständigkeit und der Niedergang des Klosters begann.
Wir beginnen unseren Weg am Karolingerplatz nahe des Klosters; einer multikulturell genutzten, weiträumigen Fläche, an der auch das Auto abgestellt werden kann. Wir durchqueren die angrenzende Grünanlage, die hohen Mauern des Klosters stetig zur Linken, steigen eine kleine Treppe hinauf und erreichen einen Vorplatz. Hier sehen wir in der Klostermauer eine Gedenktafel zu Ehren Ludwigs des Deutschen, über der das Bildnis des Königs prangt. Beinahe direkt daneben steht der so genannte Bienensegen, der in dem mit Bienenstöcken ausgestatteten Kloster zum Segnen der Bie-

Routenstart

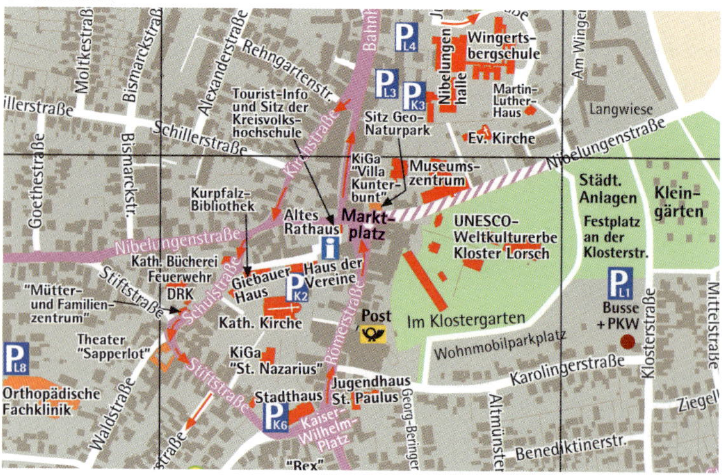

Werbeatelier G-Design, Bürstadt

Museumszentrum (links) mit Königshalle

nen verwendet wurde. Er ist auf Altdeutsch und in neudeutscher Übersetzung zu lesen. Im Wortlaut des Segens fordern die Mönche die Bienen zum Honigmachen, ihrer gottgegebenen Arbeit, auf.

Wir biegen links ab und folgen der Nibelungenstraße bis zum Benediktinerplatz mit einer **Sandsteinfigur des St. Benedikt** (Heinz Soell, 1990) und einer Bodenpflasterung, die auf den Verlauf der alten Klostermauern hinweist. Gleich am Anfang des Platzes taucht das Museum (1995) auf. Es beherbergt eine klostergeschichtliche Abteilung, eine Ausstellung zum Thema Tabakanbau und zwei Geschosse, die sich mit der Volkskunde beschäftigen. Am ersten Juni-Sonntag findet der „Welterbetag" statt, der zahlreiche Besucher in das Museum lockt.

Wir überqueren den Benediktinerplatz und anschließend den **Marktplatz** mit seinen kleinen Cafés und Geschäften und den Aktivitäten an

St. Benedikt

!

Museumszentrum Lorsch
mit der Königshalle

Geöffnet
Di–So 10–17 Uhr

Tel. 06251-51446

sommerlichen Sonntagen, wie Radrennen und Oldtimershows.

Die Klosterstadt hat sich inzwischen für hochkarätige Sportveranstaltungen einen Namen gemacht. Erstmals wurde 2005 mit Weltstars des Radrennens der ENTEGA Grand-Prix durchgeführt und 2009 fand erstmals hier ein Sommerteamwettbewerb aus Skilangläufern und Biathleten beim ENTEGA Team Biathlon statt. Bereits etabliert hat sich auch ein City-Cross-Rennen Anfang November auf einem attraktiven Innenstadtkurs, bei dem das Publikum die Stars der Szene hautnah erleben kann.

Rechts am Ende des Marktplatzes steht ein **Fachwerkgebäude von 1717** mit einem mit Türmchen und Wetterfahne gekrönten Erker. Hier hat die Kloster-Apotheke, die 1843 eröffnet wurde, ihren Sitz. Die an der Außenwand sichtbaren Zeichen für Schwefel, Kupfer, Blei, Quecksilber, Antimon, Eisen und Zinn weisen auf die Funktion des Gebäudes hin. Schräg gegenüber liegt das älteste Gasthaus, das **‚Weiße Kreuz'**. Hier gab es bereits um das Jahr 1000 ein Gebäude, das als Pilgerherberge diente. Das Wappen der Gaststätte – ein Kreuz – weist auf die ehemalige

Wappen

‚Weißes Kreuz'

Marktplatz mit Altem Rathaus

Zugehörigkeit zum Kloster hin. Das heute erhaltene Fachwerkhaus wurde 1760 erbaut.

Auf der Straßenseite gegenüber sehen wir das **Alte Rathaus**. Der mittlere Erker des zweigeschossigen, gegiebelten Fachwerkbaus von 1715 mündet in einer Turmhaube mit Glockenspiel. Das Haus beherbergt heute die Tourist-Information ‚Nibelungenland', die Kreisvolkshochschule und ein kleines Café. Über dem Eingang prangt das **Lorscher Dorfzeichen**, die goldene Königshalle auf silbern-blauem Grund, im Schildfuß ein rotes Kreuz und ein nach links blickender Löwe auf rot-silbernem Grund. Im Innern des Rathauses befindet sich der berühmte **Nibelungensaal.** Seine Wände zieren Gemälde von Georg Beringer (1879–1944), eine Verbindung der Klostergeschichte und des Nibelungenlieds. Der erste Gemäldezyklus entstand in den frühen 30er Jahren, wurde aber von den Nationalsozialisten wieder entfernt; daraufhin begann Beringer mit einer zweiten Gestaltung

Tourist-Information ‚Nibelungenland'

Geöffnet Mo–So 10–18 Uhr (Geschlossen 1. Jan., Fastnachtsdienstag, Ostersonntag, 24.–26.Dez., 31.Dez.)

Tel. 06251-175260

Nibelungensaal

Besichtigung nach vorheriger Vereinbarung

Tel. 06251-175260

des Saales. Auf der Westwand sieht man den Kaiser, umgeben von seinen treuen Anhängern. Daneben Abt Udalrich, der mit 1200 Reitern in die Schlacht zieht und die Starkenburg, die in Heppenheim zur Verteidigung errichtet wird. Die östliche Wand wird von Szenen aus dem Nibelungenlied geziert: Man erkennt Hagen, der die Lanze gegen Siegfried erhebt und den toten Helden Siegfried, der nach Worms getragen wird. Das geplante Mittelbild der Ostwand wurde nach Beringers Tod von Phillip Preis beendet. Es zeigt die Arbeit im Kloster, die Arbeit der Mönche, und den Bau einer Triumphpforte für Karl den Großen. Auf dem Bild daneben ist der „Lorscher Feierabend“ dargestellt – Bauern und Mönche legen ihre Arbeit nieder, um sich ins Haus oder Kloster zurückzuziehen. Zwischen den Fenstern an den Seitenwänden sieht man Szenen von Siegfried beim Aufbruch zur Jagd und den Einzug Karls des Großen in Lorsch.

Vor dem Alten Rathaus steht der **Brunnen ‚Tabaknäherin'** (Siegfried Speckhardt, 1991), auf dem eine Näherin in dörflicher Umgebung zu sehen ist. Zum Aufhängen für den Trockenvorgang wird ein langer Faden durch die Tabak-

Schulstraße 16

Brunnen ‚Tabaknäherin'

Katholische Kirche ‚St. Nazarius‘

Portal

blätter gezogen. Mit dem Tabakanbau war im 18. Jahrhundert begonnen worden und die Tabakproduktion in Lorsch dauerte über 300 Jahre. 1983 wurde die letzte Fabrik geschlossen. Am Rathaus vorbei gelangen wir in die Schulstraße und sehen mehrere Fachwerkhäuser. Besonders beachtenswert ist das **Haus Nr. 16 aus dem 18. Jahrhundert**, in dem die Kurpfalzbibliothek untergebracht ist und gegenüber das Haus Nr. 19, das Ende des 19. Jahrhunderts als **Villa für den Zigarrenfabrikanten Schönherr** erbaut wurde und dann als Zollamt diente. Bei der zweiten Gelegenheit, gegenüber eines blau-weißen Fachwerkhauses, biegen wir links ab. Vor uns liegt die Katholische **Kirche ‚St. Nazarius'**. Wir überqueren den Parkplatz, steigen ein kleines Treppchen hinunter und können nun die Kirche von nahem bewundern. Sie wurde 1726 gebaut und 1753 zu Ehren des Heiligen Nazarius geweiht, dessen Reliquien sich auch in der Lorscher Klosterkirche befanden. 1929 wurde die Kirche erweitert. Wir passieren das Eingangsportal, über dem eine Statue des Heiligen Nazarius zu sehen ist. Das Innere wird von einem barocken Hochaltar beherrscht. An den Seitenwänden sind die 14 Stationen des

Kurpfalzbibliothek ‚Heinrich Vetter'

Geöffnet Mi 9.30–12 Uhr oder nach Vereinbarung

Tel. 0 62 51 - 58 29 19

Kleinkunstbühne „Sapperlot“
Kabarett, Musik, Chanson, Comedy

Stiftstraße 18

Tel. 0 62 51 - 97 05 38

Stadthaus

Kreuzwegs als Holzschnittarbeiten angebracht und über dem Reliquienaltar steht eine hölzerne Statue des Heiligen Nazarius. Außen an der Chorwand ist das alte Friedhofskreuz von 1709 aufgestellt.

Der dritte Weg nach links, der Pfarrer-Heinstedt-Weg, führt in eine ruhige Parkanlage hinein und wir halten uns in Richtung eines roten Backsteingebäudes. An der Gabelung nehmen wir den linken Weg und gelangen zum Kaiser-Wilhelm-Platz. Neben einem Denkmal für die im deutsch-französischen Krieg (1870–1871) gefallenen Soldaten steht das **Lorscher Stadthaus.** Das 1879 errichtete Gebäude war bis 1934 Sitz des Amtsgerichts. Der Schöffensaal erinnert an diese Zeit. Heute ist hier die Stadtverwaltung untergebracht.

Neben dem hier aufgestellten Stadtplan wenden wir uns nach links der Innenstadt zu und wandern die Römerstraße entlang. Wir kommen an zahlreichen Geschäften vorbei, dabei

Palais von Hausen, Detail

Findling

auch an Bäckereien, die das ‚Welschbrot', eine Lorscher Spezialität, anbieten. Wir passieren bei Haus Nr. 5 das **1776 erbaute katholische Pfarrhaus** und entdecken über der Tür das kurfürstliche Wappen mit den Wappen des Bistums Mainz (Mainzer Rad) und des Bistums Worms (Petrusschlüssel).
Wir sind wieder am Alten Rathaus angelangt und folgen nun der Bahnhofsstraße, die am Reisebüro bzw. der Apotheke vorbei führt, und erreichen auf der linken Seite das barocke **‚Palais von Hausen'**. Das 1779 errichtete Palais mit Freitreppe, Schmuckbalkon und Mansardendach wurde seit Ende des 19. Jahrhunderts als Zigarrenfabrik genutzt. Heute dient es privaten Wohnzwecken. Gegenüber, links neben der Volksbank, findet sich ein kleiner Weg, in den wir einbiegen und den Hinweisschildern zurück zum Marktplatz folgen. Wir kommen vorbei am Paul-Schnitzer-Saal, der für Veranstaltungen genutzt wird und sehen auch Informationstafeln zum Thema „Geopark Bergstraße-Odenwald" und dem verschwisterten chinesischen Geopark. Hier ist auch der ca. 340 Millionen Jahre alte **Steinfindling** aufgestellt.

Musiktheater „Rex"
Livemusik

Hirschstraße 1

Tel. 0 62 51-68 01 99

Königshalle

Wir erreichen wieder den Benediktinerplatz und stehen vor der **Königshalle** aus Karolinger Zeit, die im neunten Jahrhundert entstand und seit 1991 auf der Liste der UNESCO-Welterbestätten steht. Die Torhalle hat ebenerdig drei Arkaden mit Durchgängen und ein geschlossenes Obergeschoss. Die Säulen aus Sandsteinquadern tragen ionisch-korinthische Kapitelle. Die Fassade ist mit roten und weißen Steinen, mit Kapitellen, Friesen und Wandsäulen verziert. Das Innere im Obergeschoss könnte ursprünglich als Empfangsraum für Könige und Kaiser gedient haben. Bei einer Kurzführung erhält man Informationen über die Königshalle, einen Überblick über die Klostergeschichte und kann die gut erhaltenen karolingischen Wandmalereien und gotische Fresken in Augenschein nehmen. Dargestellt ist auch die Zeremonie der Krönung Marias zur Himmelskönigin.

Wir durchqueren das Durchgangsgeschoss der Königshalle, gehen über einen kleinen Kies-

Wandmalerei, Königshalle

Wandmalerei

platz und gelangen zur **ehemaligen Klosterkirche.** Das Kloster Lorsch wurde im Jahr 764 an einem bislang unbekannten Platz gegründet und 766 an den jetzigen Standort verlegt. Im selben Jahr begann auch der Bau der Basilika. Ursprünglich ‚Lauressam' genannt, hatte das Kloster bis ins 13. Jahrhundert eine weitreichende Bedeutung und wurde zum Reichskloster ernannt. 1224 kam die Abtei mitsamt ihren Besitztümern an das Bistum Mainz. Prämonstratenser übernahmen das Kloster von den Benediktinern und erhielten es bis ins 16. Jahrhundert. Danach stand es leer und allmählich wurden die Gebäude abgetragen, um die in den Dörfern angerichteten Schäden des Dreißigjährigen Krieges zu

Ehemalige Klosterkirche

Evangelische Kirche

beseitigen. Nur wenige Mauern blieben erhalten. Zur Zeit ihrer Erbauung erstreckte sich die Kirche bis zum Ende der Wiese, der Altarpunkt ist mit einem Kreuz markiert. Der heute noch erhaltene Kirchenrest wurde in späteren Jahren zu einem Tabakspeicher umfunktioniert, was bauliche Veränderungen wie das Zumauern der Arkaden mit sich brachte.

Links an der Kirche biegen wir in einen Rundweg ein und gelangen zum **Kräutergarten**, eine für Klöster lebenswichtigen Einrichtung, da sich die Mönche sehr gut auf die Behandlung Kranker verstanden. Hier finden sich auch heute noch ein großer Teil der Pflanzen, die bereits in alten Zeiten in einem Klostergarten angepflanzt wurden.

Am Ende des Kräutergartens wenden wir uns nach rechts und gelangen zum Kreuz und damit zum Ende der ehemaligen Klosterkirche. Eine Tafel im Boden markiert Grabstellen, von denen jedoch später nachgewiesen wurde, dass die hier genannten Toten an anderer Stelle begraben liegen.

Wir folgen dem Weg und erreichen eine kleine Treppe. Vor uns liegt eine große Wiese, die kreuzförmig in vier Teile aufgeteilt ist. Auf jedem dieser einzelnen Wiesenteile befanden sich Gebäude, die zum Wohnbereich des Klosters gehörten, darunter der Schlafsaal (Dormitorium), der Esssaal, Ställe und ein Krankenhaus. Der Weg markiert den ehemaligen Kreuzgang. Es befindet sich hier auch der alte Brunnen, der aber aus Sicherheitsgründen aufgeschüttet wurde. Auch die Umfassungsmauer stammt aus der Klosterzeit, wenn auch deutlich verkleinert, und hier ist ein Stein zu sehen, der den Mönchen als Abtritt diente. Wir kehren

Klostermauer

um in Richtung Königshalle und kommen am Sitz der Kloster-Verwaltung vorbei. Hier befand sich früher das Haus des Abtes und ein Wirtschaftshof.
Wieder in der Nibelungenstraße angelangt, bleiben wir auf der linken Seite und erreichen die neuromanische Evangelische Kirche von 1895/96. Sie lockt nach ihrer Renovierung, die 1956 beendet war, mit neuem Altar, neuer Kanzel und neuem Taufstein. Das Kircheninnere verzierte der Kirchenmaler Eberhardt Münch.
Weiter geradeaus kommen wir zu einem breiten Weg, der in die Natur hinausführt. Dem folgen wir und gelangen zur so genannten Altenmünster-Brücke. Davor biegen wir rechts ab in einen schmalen Weg und erreichen bald darauf die idyllische Ruine des ‚**Klosters Altenmünster'**. Es wird vermutet, dass es sich hierbei um das Vorkloster des ehemaligen Klosters Lorsch handelt.
Von hier aus kehren wir zu unserem Ausgangspunkt am Karolingerplatz zurück.

Heppenheim

Großer Markt – Altes Rathaus – Alte Apotheke – Marktbrunnen – ‚Spar- und Leih-Casse' – Pfarrkirche St. Peter, ‚Dom der Bergstraße' – Kirchengasse – Schunkengasse – Kurmainzer Amtshof – ‚Kleine Bach' – Sickinger Hof – Kleiner Markt – Walldürnbildstock – Marktstraße – Stelzenhaus – Schlossschule – ehemalige Amtskellerei – Laternenweg – Graben – ‚Halber Mond' – Starkenburg

Von Robin Markowski

Großer Markt mit Rathaus

Die erste urkundlich Erwähnung von Heppenheim findet sich 755 im Loscher Codex. 773 wurde die Siedlung Verwaltungsmittelpunkt für das Kloster Lorsch und sie bekam 850 das Marktrecht. 1232 schenkte Friedrich II. den weltlichen Besitz der Abtei und 1803 erhielt der Landgraf von Hessen die Stadt.
Wir beginnen unsere Route an dem von Fachwerkbauten umsäumten **Großen Markt** und stehen vor dem beeindruckenden **Rathaus,** dessen massives Untergeschoss 1551 errichtet wurde. Die beiden Obergeschosse mit Mittelerker und zwei übereck gestellten Seitenerkern sind im Fachwerk gestaltet und wurden Ende des 17. Jahrhunderts hinzugefügt. Das Dachgeschoss mit dem Glockenspiel stammt von 1959. Das Haus Nr. 5, schräg gegenüber, wurde dem Rathaus nachempfunden, 1577 errichtet und 1708 mit Fachwerk versehen. Es beherbergte früher die **Apotheke** Pirsch, in der Justus Liebig 1818/1819 ein Lehrjahr verbrachte.

Justus Liebig (1803–1873) war einer der Begründer der organischen Chemie. „Die organische Chemie in ihrer Anwendung auf Agrikultur und Physiologie“ ist sein bedeutendstes Werk.

Markt vom Laudenbacher Tor

Apotheke

Tourismus-Information

Großer Markt 9

Geöffnet Mo–Do 9–16, Fr 9–12, Sa 10–12 Uhr

Tel. 0 62 52-13 11 71/-72

Westlich des Rathauses sehen wir den Gasthof ‚Goldener Engel', ein Fachwerk-Giebelhaus mit verputztem Erdgeschoss und einer Portalanlage. Es wurde 1782 erbaut und diente einst den Schneidern als Zunftherberge. Das Haus Nack Nr. 9 ist auf dem Marktplatz das einzige nicht im Fachwerk errichtete Gebäude. Der Ziegel-Massivbau wurde 1892/93 als Ersatz für zwei abgebrannte Fachwerkhäuser erbaut. Die **barocke achteckige Brunnenanlage** in der Mitte des Platzes stammt von 1755. Aus einem Korb von Akanthusblättern wächst eine stämmige Säule hervor, die von einer Marienstatue gekrönt wird. Vier lange Rohre spenden aus Drachenköpfen Wasser.

Routenstart

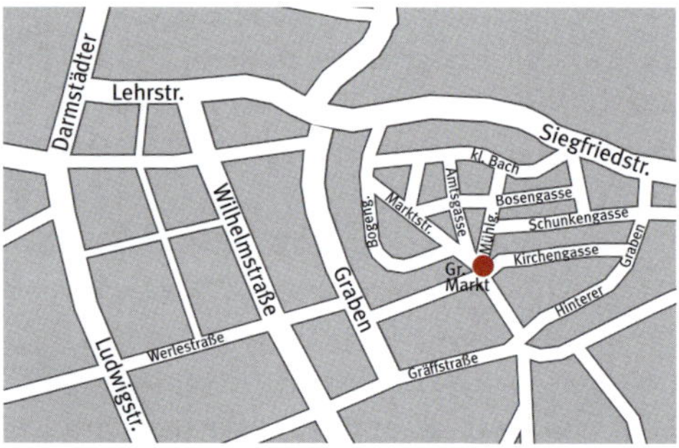

Altstadt

Wir folgen der Straße Laudenbacher Tor, einem Teil der um 1500 errichteten Befestigungsanlage, lassen das Rathaus rechts liegen und gelangen zur Ecke an der Merianstraße. Links steht ein Sandsteinbau, der 1884 für die **‚Spar- und Leih-Casse im Kreise Heppenheim'** errichtet wurde. Der dreigegliederte zweigeschossige Bau ist im Klassizismus erbaut und besitzt einen vorgelagerten Eingangsbereich. Die vor dem Haus aufgestellte Figur stellt Martin Buber dar (Marek Zalewski, 2008). In dem Gebäude ist heute das Sparkassenmuseum untergebracht.
Wir gehen wieder zurück und gelangen rechts durch den Torbogen auf den Kirchenvorplatz. Rechts liegt das Gemeindezentrum Marienhaus, ein Fachwerk-Patrizierhaus von 1591 mit einer holzgeschnitzten Madonnenfigur mit Jesuskind auf einer Fassaden-Konsole. Der zur Kirche hin angebaute Flügel stammt von 1930.
Wir sehen vor uns die über der Stadt thronende **Pfarrkirche St. Peter**, den ‚Dom der Bergstraße', die auf eine ehemalige Basilika aus dem 8. Jahrhundert zurückgeht. 1904 wurde sie in ihrer jetzigen klassizistischen Form fertiggestellt. In der dreischiffigen Basilika mit großem Querhaus und achteckiger Vierungskuppel sind For-

Sparkassenmuseum
Anhand vormünzlicher Zahlungsmittel und historischer Münzen wird die Entstehung und Verbreitung des Geldes gezeigt. Historische Maschinen verdeutlichen den Wandel der Banktechnik bis hin zum modernen Banking.

Laudenbacher Tor 4

Geöffnet Do 14–18 Uhr

Tel. 0 62 52-120-0

Blick auf St. Peter

men der Spätromantik und Gotik nachgeahmt und zugleich wurde der Nordturm und ein Teil der Vorgängerkirche aus dem 12. Jahrhundert angebaut. Als Verbindung der beiden Bauteile wurde ein Aufsatz mit der Figur des Hl. Petrus eingefügt. Das Innere der Kirche ist durch Wandsäulen auf Kreuzrippen gegliedert. In der Chorkapelle findet sich auf einem Kalksteinrelief aus dem 16. Jahrhundert die Abendmahlszene dargestellt. Der Marienaltar in der nördlichen Kapelle mit Madonna, Hl. Katharina und Hl. Barbara, ist spätgotisch und im nördlichen Querschiff steht eine aus Sandstein gefertigte Muttergottesfigur aus dem 13. Jahrhundert.

Vor der Kirche sehen wir eine Kreuzigungsgruppe, die 1705 von Anton Wermerskirch geschaffen wurde.

Die Kirchengasse, der wir nun folgen, beginnt bereits am Kirchenvorplatz. Das Haus Nr. 6/8 entstand 1576 und hier wurde die älteste Schule eingerichtet. 1712 wurde es umgebaut und

mit Fachwerk versehen. Die Doppeltür stammt von 1819. Das **Benefiziatenhaus** Nr. 10 ist ein zweigeschossiger Sandsteinbau mit flachem Walmdach, der 1894 als Wohnung für den Geistlichen (Benefiziat) errichtet wurde. Das **Haus Nr. 12/14** ist bekannt als ehemaliges Haus Löffler, reicht bis ins Mittelalter zurück, wurde 1567 umgebaut und verdankt sein heutiges Erscheinungsbild einem Umbau um 1750, bei dem das Fachwerk entstand. Im linken Hausteil befindet sich ein Feuerwehrmuseum, das nach Absprache besichtigt werden kann. Direkt angebaut ist Nr. 16, die ‚**Alte Kaplanei**'. Das ehemalige Ackerbürgerhaus geht auf das Jahr 1561 zurück. Das Fachwerk im Obergeschoss mit kräftiger Mann-Figuration und Feuerbockbrüstungsmotiven wurde im 18. Jahrhundert geschaffen.
Am Ende der Kirchengasse gehen wir die Stufen hinunter, biegen im Hinteren Graben links ab und gelangen zur Straße Würzburger Tor, wo einst das Stadttor von 1360 stand. Links entlang der Mauerreste der ehemaligen Stadtmauer geht es in die **Schunkengasse**. Die Häuser sind überwiegend aus Fachwerk und stammen teilweise aus dem frühen 17. Jahrhundert. Nr. 15 entstand Anfang des 19. Jahrhundert unter Verwendung älterer Bausubstanz. Das Erdgeschoss ist massiv, das Obergeschoss hat konstruiertes Fachwerk und ein spitzes Satteldach mit Schleppgaupe. Darunter befindet sich ein alter Gewölbekeller. Nr. 9 ist das ehemalige Pfarrhaus der Kirche St. Peter von 1702. Der giebelständige, ungewöhnlich hohe dreigeschossige Putzbau ist an den Hang gebaut und hat einen Übergang zum Kirchenvorplatz. Wo die Schunkengasse auf den Marktplatz mündet, se-

Feuerwehrmuseum
Rudolf Kohl

Kirchengasse 12

Tel. 06252-4698

Kurmainzer Amtshof

hen wir bei **Nr. 2 ein schmales Wohnhaus** aus dem 18. Jahrhundert mit Mann-Konfigurationen, hohen Andreaskreuzen und geschweiften Rauten im Fachwerkobergeschoss. Zur Mühlgasse hin ist ein starker Geschossüberstand zu erkennen. An der Hausecke befindet sich eine Muttergottes-Figur im mit barockem Zierrat geschmückten Holzgehäuse.

Wir sind wieder am Marktplatz angelangt, wenden uns nach rechts in die Amtsgasse und haben rechts von uns die wuchtige Mauer des **Kurmainzer Amtshofs**, an der wir entlang gehen. Vorbei am Türgewände der ehemaligen Stadtmühle, bis wir auf dem Kurfürstenplatz vor dem Eingang zum Amtshof stehen. Das imponierende Ensemble entstand zunächst 1369 als zweigeschossiges, mit Schleppgaupen versehenes Verwaltungsgebäude der Erzbischöfe von Mainz. 1385 wurde dem Hauptgebäude ein Kapellenerker und ein gotischer Treppenturm angebaut. Nach und nach folgten weitere Anbauten, ausgeführt aus Bruchstein und mit Fachwerk. Um 1400 kam ein Kelterhaus an der Wehrmauer und ein vortretender Turm mit wuchtigem Rundbogenfries und Fachwerkgiebel hinzu. Im 17. Jahrhundert wurde die um ei-

nen fünfseitigen Hof errichtete Gesamtanlage in die Stadtbefestigung integriert. Der Turm erhielt später eine barocke Haube und war ursprünglich der Zugang zum Kurfürstensaal im Obergeschoss des Hauptgebäudes, in dem Wandmalereien aus drei Epochen zu sehen sind. Die Engel im Chorerker entstanden um 1390, die Architekturmalerei in den Fensternischen während der Renaissance. Heute ist hier neben einer Gaststätte das Museum für Stadtgeschichte und Amtskunde untergebracht.
Dem Eingang zum Kurmainzer Amtshof gegenüber sehen wir das **Haus Vock** (Amtsgasse 8), ein Fachwerkgebäude mit Satteldach und Zwerchhaus, um 1480 als Nachfolgebau eines romanischen Wehrturms errichtet. Weiter in Richtung Norden sehen wir den **Stadtbrunnen mit achteckiger Sandsteinumrandung** und einer Säule mit Kapitelaufsatz und dem Stadtwappen von 1930. Weiter nördlich steht das Sickinger Tor, das ehemals zur Stadtbefestigungsanlage aus dem 15. Jahrhundert gehörte.
Wir wenden uns nach links in die Straße ‚**Kleine Bach'**. Nr. 14 ist ein giebelständiges Fachwerkhaus mit gotischem Gefüge von 1423. Nr. 16 ist von 1526 und hat spätgotisches Fachwerk. Nr. 9 ist ein Wohnhaus von 1540, in dessen Fachwerk die steilen Andreaskreuze und die Reihung der Feuerböcke auffällig sind. Wenige Meter weiter gelangen wir bei Nr. 3 zur alten Synagoge, die 1791 mit Schul- und Lehrerhaus gebaut und nach der Errichtung einer neuen Synagoge im Jahr 1900 als Wohnhaus umgestaltet wurde.
Wir machen einen kleinen Bogen nach rechts, vor uns liegt die Siegfriedstraße, auf der wir, weiter links und etwas entfernt, mehrere Fachwerkbauten sehen. Dabei handelt es sich um

Museum für Stadtgeschichte und Volkskunde

Kurmainzer Amtshof
Amtsgasse 5

Geöffnet:
Mi, Do, Sa 14–17,
So/Feiertage 14–18 Uhr

Tel. 0 62 52 - 6 91 12

den **Sickinger Hof**, ein Burglehen der Boos von Waldeck. Die ursprüngliche Hofanlage entstand um 1400, wurde im 18. Jahrhundert erneuert und 1890 kam der Erweiterungsbau zur Siegfriedstraße hinzu.
Neben uns links führt ein Durchgang zu einem kleinen Innenhof, **Kleiner Markt** genannt. Hier entdecken wir den **Walldürnbildstock** von 1729 mit einem vierseitigen Aufsatz. Die Reliefszenen zeigen die Kreuztragung, die Heilige Familie, den Hl. Antonius Eremit und das Walldürner Heilig-Blut-Bild. Gekrönt wird der Aufsatz von der Figur der Maria Immaculata. Hier war der Treffpunkt zu den alljährlich stattfindenden Wallfahrten nach Walldürn.
Wir biegen links in die **Marktstraße** ein, die von Fachwerkbauten gesäumt ist. Im Hof von Nr. 6–10 erkennen wir Reste eines Turms aus dem 12. Jahrhundert. Nr. 12 ist ein ehemaliges Ackerbürgerhaus von 1575 mit Torbogen und errichtet auf einem frühmittelalterlichen Kellergeschoss. 1720 erhielt es ein barockes Fachwerk.
Die Marktstraße führt leicht hügelan und am Karl Freisens Brunnen, einem kleinen Steinbrunnen in gemauerter Nische mit Gedenkstein zu Ehren des Heimatforschers, biegen wir rechts in die Bogengasse ein. Bei Nr. 5/7 sehen wir im Sockel Mauerreste des Mönchsturms, der vermutlich im 12. Jh. zur Sicherung der Nordwestecke der Stadtmauer erbaut wurde. Einige Meter weiter biegen wir links ins Schulgässchen/später Schulgasse genannt, und stehen bei Nr. 26 vor einem **Stelzenhaus mit Fachwerkgiebel**, das im 17. Jahrhundert entstand. Eine auf hölzernen Stelzen errichtete Halle ist dem Haupthaus vorgelagert und

diente ehemals einem Schmied als überdachter Arbeitsplatz.
Gegenüber dem Stelzenhaus gelangen wir zur **Schlossschule**, die um 1700 als zweigeschossiges Gebäude für den Burggrafen und Oberamtmann Freiherrn zu der Hees errichtet und in der ersten Hälfte des 18. Jahrhundert um einen viergeschossigen Westbau erweitert wurde. 1824 kam das Glockentürmchen hinzu. Der heutige Putzbau mit hochrechteckigen Fenstern besitzt ein Rundbogenportal mit barockem Sprenggiebel, in dem das Allianzwappen Hees-Holdinghausen angebracht ist.
Nur wenige Schritte weiter stehen wir wieder am Marktplatz, von wo aus wir nach rechts in die Kellereigasse einbiegen. Nr. 3 ist ein Fachwerkhaus aus dem 16. Jahrhundert. Das traufständige Fachwerkhaus Nr. 5 stammt aus dem 16. Jahrhundert und wurde in der zweiten Hälfte des 18. Jahrhunderts umfassend renoviert. Mittig im Kellerportal ist die Jahreszahl 1574 angebracht. Wenige Schritte weiter sehen wir auf der linken Seite zurückliegend das Hauptgebäude der ehemaligen **Amtskellerei**, die auf den Bibershof von 1530 zurückgeht. Der zweigeschossige Massivbau mit Walmdach hat einen dreiseitig vorspringenden Treppenturm in dessen Inneren sich eine Wendeltreppe mit Stufenspindel in spätgotischer Profilierung befindet. Das Wappen stammt von Erzbischof Kurfürst Johann Friedrich Karl Graf von Ostein. 1648 wurde hier die Amtskellerei, die Finanzverwaltung des Oberamtes Starkenburg, eingerichtet. 1907–1909 erfolgte der Anbau des Westflügels mit einem Portal im Neobarock. In dem Gebäude ist heute die Kreisverwaltung untergebracht. Die Kellereigasse mündet in den Graben. Rechts

Laternenweg

Der Künstler **Albert Völkl** erzählt auf etwa 150 Scherenschnitt-Tafeln entlang des Laternenwegs die Welt der hessischen Sagen. Zwischen Mai und September finden hier ‚sagenhafte' Führungen statt.

werden wir auf den **Laternenweg** aufmerksam gemacht: kunstvoll gestaltete Scherenschnitte leuchten von den Straßenlaternen herab. Links an der Ecke steht das Portal des ehemaligen Postgasthauses ‚Zur Sonne', das von einer Madonnenfigur im goldenen Strahlenkranz gekrönt ist. Wir wenden uns nach links, gehen entlang der Mauer und kommen zu einer baumbestandenen Grünanlage mit Wasserbassin und kleiner Fontäne. An der Nordseite erinnern vier Gedenkplatten an großherzoglich-hessische Soldaten, die 1849 bei dem Gefecht mit badischen Truppen ihr Leben verloren. Auf einem schwarzen Granitsockel erinnert ein Siegesengel an den Deutsch-Französischen Krieg von 1870/71 und eine halbkreisförmige Granitwand enthält die Namen der Gefallenen im 1. Weltkrieg.

Wir gehen den Weg wieder ein Stück zurück, überqueren die Anlage ‚Graben', bis links die Werlestraße abbiegt. Hier steht an der Ecke ein eingeschossiges **Wohnhaus auf hohem Sockel** mit Satteldach, zum Graben hin ist ein zweigeschossiger, zweiachsiger Risalit zu erkennen. Es wurde 1868 für den Großherzoglichen Kreisarzt Dr. Scotti erbaut. Zwischen

Martin-Buber-Haus

Martin Buber (1878–1965) lebte von 1916-1938 in Heppenheim. Der jüdische Religionsphilosoph trat als Vermittler zwischen der bedrohten traditionellen jüdischen Welt im Osten und der westlichen wissenschaftlichen und aufklärerischen Moderne auf.

1916–38 wohnte hier der jüdische Philosoph Martin Buber.

Entlang der Werlestraße kommen wir schließlich zur Ludwigstraße, in die wir nach rechts einbiegen. Bald stehen wir vor dem Hotel-Restaurant ‚**Halber Mond'**. Bereits 1617 ist an dieser Stelle ein Lehenshof gleichen Namens erwähnt. Das Gebäude wurde nach einem Brand im Jahr 1911 als neue Anlage, bestehend aus zwei giebelständigen Hauptbauten mit hohen Mansarddächern und einem zweigeschossigen Verbindungsflügel mit Satteldach, wieder aufgebaut. Das Innere mit Treppenhaus und schmiedeeisernem Geländer gestaltete Heinrich Metzendorf.

Schlossberg

Starkenburg

Exkursion

Hoch über der Stadt liegt auf dem Schlossberg die Burgruine **Starkenburg.** Die Anlage entstand ab 1065 und wurde im 13. Jahrhundert mit Wehranlagen und Bergfried ein wichtiger Vorposten des Mainzer Erzstifts. Noch heute befindet sich um die Kernburg eine teilweise doppelt ummauerte Zwingeranlage mit runden Wehrtürmen an drei Ecken und einer Bastion. 1930 wurde der Turm errichtet und es entstand das Gebäude der Jugendherberge. Der Aufstieg zur Burg beginnt idealerweise am Kleinen Markt. Nach der Überquerung der Siegfriedstraße gelangt man in etwa 45 Minuten über den Kopfsteingepflasterten Starkenburgweg zum Panoramaweg (Drosselbergweg) und weiter durch die Weinlage ‚Schlossberg' zur Burg.

Laudenbach

Marktplatz – Martin-Luther-Kirche – Pfarrhaus – Jugendstilhaus – Rathaus – Fachwerkbauten – Ober-Laudenbach – Kreuzberg – Dorfanger – Juhöhe

Von Manuel Stangorra

Pavillon

Weinlagen:
Laudenbacher Sonnberg
Laudenbacher Rittersberg

In einer Urkunde des Klosters Lorsch aus dem Jahre 795 wird der Ort erstmals als „Lutenbach“ erwähnt. Bis 1232 gehört Laudenbach zum Kloster Lorsch, danach regiert der Erzbischof von Mainz. 1460 brennt das Dorf nieder. 1705 erhält die Kurpfalz die Hoheit über Laudenbach zurück.

Von Norden kommend, vorbei am Friedhof und an einer Tankstelle, erreichen wir das Zentrum des alten Bauerndorfes: den **Marktplatz**. Vom ersten Rathaus steht nur noch eine Säule. Sie stützt einen statt seiner errichteten Pavillon. Acht im Rechteck gepflanzte Platanen umzingeln die Stelle, an der das historische Gemäuer einst stand. Die umliegenden Gasthöfe ‚Zur Rose’ und ‚Krone’ haben Innenhöfe, historische Gewölbekeller und eine über 100-jährige Gastronomietradition. Auf der Ostseite des Marktplatzes hat der Besucher freien Blick auf die auf einer Anhöhe thronende **Martin-Luther-Kirche,** das älteste Sakralgebäude zwischen

Martin-Luther-Kirche

Darmstadt und Heidelberg. Eine Bulle Papst Gregors IX. erwähnt erstmals 1238 eine Kirche im Ort. Der spätgotische Bau der heutigen Kirche stammt aus der Zeit um 1500. Erhalten sind der Westturm mit netzgewölbter Erdgeschosshalle und der Westteil des Schiffs. Es gab Umbauten 1612, 1722 und 1936. Nach Abbruch des alten polygonalen Chors wurde das flachgedeckte Schiff nach Osten verlängert. Anstelle der kleinen spätgotischen Fenster im alten Teil des Langhauses wurden zweiteilige Maßwerkfenster eingebaut. Seit dem Regensburger Vergleich 1653 nutzten Katholiken und Protestanten die Kirche gemeinsam und sie erhielt eine Empore, die 1722 erneuert wurde. In seinen 15 letzten Lebensjahren wirkte hier Pfarrer Anton Praetorius. Gegenüber, in der Kirchstraße 3, befindet sich das **ehemalige Pfarrhaus**. Rechts in der Hausfront steckt eine Kanonenkugel, datiert mit der Inschrift „den 30. Mai 1849", da es bei der sogenannten ‚Ba-

Der reformierte Theologe **Anton Praetorius** (1560–1613) kämpfte gegen Hexenprozesse und Folter. Durch sein mutiges Einschreiten befreite er 1597 vier Frauen aus der Folterkammer, verlor dadurch jedoch sein Hofpredigeramt in Ysenburg-Birstein und flüchtete nach Laudenbach. Sein Buch „Gründlicher Bericht von Zaubery und Zauberern" von 1602 erregte öffentliches Aufsehen.

Relief Jugendstilhaus

dischen Revolution' zu heftigen Gefechten der Volkswehr gegen hessische Truppen gekommen war. Dreizehn Revolutionäre ließen dabei ihr Leben. Ihnen ist in Ober-Laudenbach ein Denkmal gesetzt.
Wir gehen zurück zum Marktplatz, weiter durch die Rathausstraße, wo sich bei Nr. 4 eine Feldsteinscheune mit Fachwerkgiebel, vermutlich aus dem 16. Jahrhundert, befindet. Am Ende biegen wir rechts in die Mittelstraße. Dort steht bei Nr. 37 ein restauriertes Fachwerkhaus. Ein Stein auf der linken Seite im Sockel des Hauses verweist auf die Jahreszahl 1788. Wir folgen der Mittelstraße, gelangen zum Friedrich-Schiller-Platz und biegen in die Bahnhofstraße ein.

Rathaus

Fachwerkhaus von 1684

Hinter der Katholischen Bücherei erreichen wir die **Katholische Kirche St.-Bartholomäus,** die 1935 eingeweiht wurde. In Nr. 87 steht ein um 1900 fertiggestelltes **Jugendstilhaus.** Die Villa ist im Privatbesitz der Enkelin des Erbauers Georg Schudt, der eine Möbelfabrik betrieb. Es gibt Stuckdecken im Inneren und außen an der Westwand ist ein Tageszeitenrelief im Original erhalten. Auch der Rosenstock am Eingang datiert von 1900.

Wir gehen die Bahnhofstraße zurück und biegen in die Sandackerstraße in südlicher Richtung ab. Optional ist in Nr. 3 das ehemalige zweite Rathaus zu besichtigen, eine **herrschaftliche Villa der 1920er Jahre.** Ein schmukkes bleiverglastes Fenster ziert die Front zur Straßenseite. Von der Sandackerstraße gelangen wir über die Bachstraße zur Unteren Straße. Hier befindet sich bei Nr. 2 das heutige im Jugendstil erbaute **Rathaus.** Es wurde 1906 als Schulgebäude errichtet. Seit 1979 ist hier

Villa Nr. 3

die Verwaltung untergebracht. Davor befindet sich in der **Bodenpflasterung das Ortswappen mit Weintraube und Rebmesser**. Es handelt sich um das älteste bekannte Weinsiegel der Region. Es wurde 1539 urkundlich festgelegt. Wir gehen zurück zur Bachstraße, der wir in östlicher Richtung folgen und kommen wieder auf die Hauptstraße (B3). Bei Nr. 42, gegenüber der Bäckerei, steht ein bemerkenswerter **Fachwerkbau von 1684**. Ein schönes Beispiel für ein gelungen proportioniertes Architektenhaus der 1930er Jahre liefert die am Hang gelegene **Villa in Nr. 3** am südlichen Ortsrand.

Exkursion

Den Abstecher über Ober-Laudenbach zum Ausflugsgebiet ‚Juhöhe' absolvieren wir vorzugsweise motorisiert. Wir starten am Marktplatz Laudenbach. Die Kirchstraße führt mit steilem Anstieg hinauf in ein liebliches Seitental. Dort liegt als Straßendorf das ursprünglich mit Laudenbach zusammengehörige **Ober-Laudenbach**, welches politisch heute zu Heppenheim gehört. Immer wieder kam es in der Geschichte zu Grenz-Animositäten, denn auch Laudenbacher besaßen Grundstücke in Ober-

Laudenbach und umgekehrt. Im Gegensatz zum Laudenbacher Ortsgericht unterstand „superior Ludenbach", wie es lateinisch hieß, ab etwa 1150 den Schenken von Erbach. 1232 kam es an das Kloster Lorsch und 1485 an den Bischof von Worms. 1802 gelangte Ober-Laudenbach zu Hessen-Darmstadt und Laudenbach zu Baden. Als erstes fällt – noch auf Laudenbacher Gebiet – eine alte **Feldsteinbrücke** in den Blick, die den Laudenbach überquert. Nach dem Ortseingangsschild informieren Schrifttafeln und ein Plan über die Ortsgeschichte. Alte Fachwerkhäuser säumen die Oberlaudenbacher Straße, so zum Beispiel auf der rechten Seite Nr. 39 ein **Fachwerkbau** von um **1780**. Links treffen wir auf einen Naturstein-Quaderbau, die **Alte Schule** und heute der Kindergarten, mit dem

Alte Schule

Kapelle

Ehemaliges Eckstein'sches Wirtshaus

Christian Prinz und 13 Revolutionäre der gegnerischen Seite wurden im Mai 1849 im Zuge der Badischen Revolution bei einem Schusswechsel tödlich verletzt. Vor dem Eckstein'schen Wirtshaus fand die ‚Revolutions-Volksversammlung' mit 4000 Teilnehmern statt. Das anwesende Militär sollte von den Revolutionären zum Überlaufen bewegt werden, doch das Ende verlief tragisch.

davor gelagerten Lehrerhaus. Wir folgen dem Kapellenweg, der hier nach links abzweigt, bis zur neogotischen **Kapelle** von 1905. Unten an der Straße ist dem hessischen Provinzialkommissar und Kreisrat Christian Prinz ein Gedenkstein gewidmet. Er führte am 24.5.1849 hessische Soldaten nach Ober-Laudenbach, um den Aufständischen Paroli zu bieten.

Weiter links befindet sich das ehemalige Pfarrhaus. Berühmt ist das **ehemalige Eckstein'sche Wirtshaus**, ein besonders schöner Fachwerkbau, in dem bereits vor 1825 Wirtshausbetrieb stattfand und der 1848 neu errichtet wurde. Hier zweigt der weite Weg zum 340 m hohen **Kreuzberg** ab, auf den alljährlich an Pfingstmontag gepilgert wird. Die Wurzeln dieser Wallfahrt gehen zurück ins Mittelalter. In einem Ablassbrief von 1521 vom Reichstag zu Worms ist erstmals von einer „Kapelle des heiligen Kreuzes auf dem Berg nahe Hemsbach" die Rede. 1746 wurden 14 Kreuzwegstationen errichtet. Während der Säkularisierung wurde die Einsiedelei aufgehoben, die Wallfahrtsstätte zerstört und die aufgestellten Kreuze und Stationen entfernt. 1874 wurden sie neu errichtet und 1893 eingeweiht.

Umgebung Ober-Laudenbach

Hühnengräber

Wir kehren zurück zur Oberlaudenbacher Straße und fahren weiter den Berg hoch bis zum **Dorfanger** (Km 2). Ein beschrifteter Felsstein erinnert an die Ersterwähnung des Ortes 795. Wir fahren weiter auf dem linken Weg und erreichen nach 400 Metern den Parkplatz. Radfahrer und Fußgänger dürfen weiter hinauf über den Sommerhof, einem Bauernhof mit Hofladen (Km 3,4), den alten Steinbruch (Km 3,5) bis zum Café-Restaurant „Haus Höfle“ (Km 4,3) auf der **Juhöhe** fahren beziehungsweise laufen. Hier hat man einen weiten Ausblick auf die Gebirgslandschaft des Odenwaldes.

Hemsbach

Rothschild-Schloss – Ritterhaus – Ehemalige Synagoge – St. Laurentiuskirche – Altes Rathaus – Evangelische Christuskirche

Von Barbara Zeizinger

Rothschild-Schloss

Wir beginnen unseren Spaziergang an der Ecke Schloßgasse/Hildastraße mit dem Blick auf zwei fünfblättrige rote Rosen, die zusammen mit einem dazwischen liegenden schwarzen Schulterjoch die Frontseite des Rathauses im **Rothschild-Schloss** schmücken. Es handelt sich dabei um das Wappen der Stadt Hemsbach und ist dem Siegel von 1706 nachgebildet. Dieses Schulterjoch, auch Tragjoch genannt, benutzten die Hemsbacher Bauern, um in den Weinbergen Lasten zu tragen. Das Gebäude geht auf eine 1764 vom kurfürstlichen Jagdrat Blesen erbaute Villa zurück, die 1839 der aus der berühmten Frankfurter Rothschild-Dynastie stammende Karl Mayer von Rothschild kaufte. Er erweiterte sie herrschaftlich um Flügel und Ecktürme zu dem heutigen mediterranen Aussehen und umgab sie mit einem großen Park. Später wechselte das Schloss mehrmals seine Besitzer, bis 1910 eine „Höhere Reformschule“ in die Räume einzog. Seit 1928 ist es das Rathaus.

Wir gehen vorbei an dem Ehrenmal für die Toten der Weltkriege auf die andere Straßenseite der Schloßgasse zu dem Haus Nr. 38 und stehen somit an der Stelle, an der das mittelalterliche

Karl Mayer von Rothschild (1788–1855) war der vierte von fünf Söhnen des Gründers der Dynastie Mayer Amschel Rothschild. Er versorgte während der napoleonischen Kriege den Führer der englischen Truppen Wellington mit finanziellen Mitteln, pflegte Kontakte zu allen wichtigen europäischen Höfen und gründete in Neapel eine Dependance des Frankfurter Stammhauses. Auf dem alten jüdischen Friedhof in Frankfurt ist er begraben. Nach Hemsbach brachte ihn der Wunsch, Landgüter zu erwerben. 1815 wurden die Rothschild-Söhne durch Kaiser Franz I. geadelt. In Hemsbach ließ Rothschild eine Wasserleitung legen und trug zur Dorfverschönerung bei. 1839 wurde er zum Ehrenbürger ernannt.

Weinlagen:
Hemsbacher Rittersberg

Vierrittersturm

alte Schloss stand. Bei dem **Ritterhaus** aus dikken Steinmauern, heute Zehntscheuer genannt, handelt es sich um den Rest einer ehemaligen Tiefburg, zu der das alte Schloss gehörte, sowie eine innere Burg, die von einem Wassergraben umgeben war. 1264 wurde die ‚Veste Hemspach' zum ersten Mal urkundlich erwähnt, als sich Pfalzgraf Ludwig II. und Erzbischof Werner von Mainz trafen, um über ihre Besitzungen einen Landfrieden auszuhandeln. 1421 wurde die Wehranlage vom damaligen Dorfherrn Pfalzgraf Otto I. durch eine Ringmauer erweitert, sowie ein Vorfeld und ein tiefer Graben mit davor aufgetürmtem Wall vorgelagert.

Wir biegen nun rechts in die Bachgasse ein, der wir entlang gehen. Über dem ‚Hemsbach', der unter der Straße fließt, gelangen wir zur Herrengasse und weiter rechts in die Mittelgasse. Hier begann die Entstehungsgeschichte des Ortes. Das heute verputzte ursprüngliche Fach-

Routenstart

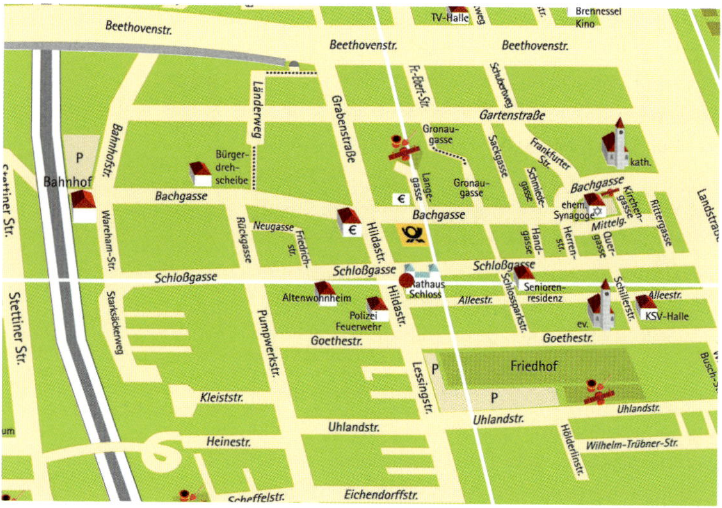

© Uli Ehret

Zehntscheuer

werkhaus Nr. 11 entstand um 1250. Bei Nr. 16 handelt es sich um die **Ehemalige Synagoge.** Die jüdische Geschichte beginnt 1661 mit ‚Macholl Jud aus Hemsbach', wie einem Verzeichnis zu entnehmen ist. 1674 wird Am Mühlweg ein jüdischer Friedhof angelegt und bereits 1731 ist eine ältere Synagoge erwähnt. 1844 beauftragte die jüdische Gemeinde den Baumeister Valentin Fuchs aus Weinheim mit dem Bau einer Synagoge mit Schule, Lehrerwohnung und

Ehemalige Synagoge

Jüdischer Friedhof

Der **Verein Ehemalige Synagoge Hemsbach** hält mit Dokumentationen und kulturellen Veranstaltungen die Geschichte der Hemsbacher Juden fest. Zahlreiche vom Künstler Gunter Demnig angebrachte Stolpersteine vor Häusern, in denen vor der Nazidiktatur die Hemsbacher Juden wohnten, erinnern an die jüdischen Mitbürger.

Telefon: 0 62 01-6 71 81

dem Badehaus Mikwe. Über dem Eingangstor steht in hebräischen Buchstaben: „Jegliches Gebet, jegliches Flehen, das irgendein Mensch vorbringt von deinem ganzen Volk Israel, wenn er inne wird, jeder Plage seines Herzens und er breitet seine Hände aus zu diesem Hause: So höre du im Himmel, der Stätte deines Sitzes, und vergib und gewähre." In der Reichspogromnacht 1938 wurde die Synagoge verwüstet. Seit 1981 ist sie in städtischem Besitz. Das Badehaus ist als Gedenkstätte mit Bildern und Dokumenten eingerichtet.

Wir steigen die Treppen in dem kleinen Durchgang links an der Synagoge hinunter zurück zur Bachgasse, wo wir nach rechts gehen und vor uns die auf einer Erhöhung gebaute katholische **St. Laurentiuskirche** sehen. Sie wurde errichtet auf den Grundresten zweier Vorgängerkirchen. Hoch oben in einer Rundbogennische an der Südfassade steht die Statue des Namenspatrons. Die 1747–1749 im barocken Stil gebaute Kirche wurde bis 1936, zur Einweihung der evangelischen Christuskirche, von beiden Konfessionen als Simultankirche genutzt. Sie entstand nach Plänen von Kaspar Valerius, der den Kirchturm der Vorgängerkirche in den Neubau einbezog. Bereits 1808 wurde sie um zwei Achsen nach Süden verlängert. Auch im Innern am Hochaltar ist eine Statue des heiligen Laurentius zu finden. Er starb als Märtyrer in der Zeit der Christenverfolgungen im Römischen Reich. Weil er von seinen Henkern geröstet wurde, hält er einen Rost in der Hand.

Ehe wir den Kirchhof verlassen, werfen wir einen Blick nach Osten zum **Hühnerberg**, dessen Name irreführend ist, denn wahrscheinlich waren hier ehemals Hünengräber angelegt. Vermutlich war der Ort, an dem heute die Laurentiuskirche steht, eine keltische Kultstätte. Diese Vermutung wird vertieft von der Tatsache, dass am 21. Juni, am Morgen der Sommersonnenwende, mit den ersten Sonnenstrahlen der Kirchhof ausgeleuchtet wird.

Unmittelbar gegenüber, in der Bachgasse Nr. 7, befindet sich das **Alte Rathaus**. 1698 wurde es als zweigeschossiger Putzbau errichtet mit ei-

Der Baumeister **Kaspar Valerius** gehörte zu den bedeutendsten Kirchenbaumeistern der Kurpfalz.

St. Laurentiuskirche

Altes Rathaus

ner Erdgeschosshalle, die sich zur Straße hin mit Rundbögen öffnet. 1851 fiel das Obergeschoss einem Brand zum Opfer, bei dem auch wertvolle Dokumente vernichtet wurden. In der Erdgeschosshalle finden wir historische Überreste. Da gibt es zum einen die beiden Verschlüsse mit der Jahreszahl 1878 an der Wand, die früher den Eingang zum Wasserreservoir bildeten. Hier steht auch ein alter **Grenzstein,** der uns noch weiter zurück in die Geschichte führt. Er wurde 1721 im Ortsteil Rennhof an der Stelle aufgestellt, an der die Grenzen von Lampertheim, Lorsch und Hemsbach zusammentrafen. Somit ist er ein sogenannter Dreimärker, auf dem die jeweiligen Wappen und Symbole der entsprechenden Herrschaften vereinigt sind.

Wir biegen nun rechts in die Rittergasse ein, laufen bis zur Schlossgasse, wobei wir einen Blick auf die Quergasse werfen, das einzige Sträßchen, das noch gepflastert ist. An der Ecke Schloßgasse/Schillerstraße stoßen wir auf den Cäsar Oppenheimer Platz. Hier ist im Boden ein runder Deckel zu sehen, der das Grab der ‚Kerweschlumpel' abschließt. Die etwa ein Meter große Stoffpuppe ist das Maskottchen der urigen Hemsbacher Kerwe. Zu ihrem Beginn am ersten Wochenende im August wird die ‚Kerweschlumpel' im Rahmen einer großen Feierlichkeit aus ihrem Grab geholt und mit einem ‚Kerweborscht' verheiratet. Zu Ende der Kerwe wird sie sodann wieder für ein Jahr unter großem Gejammer der zahlreichen Kerwebesucher in ihrem Verließ beerdigt.

Wir laufen nun die Schillerstraße entlang und stellen uns einen Augenblick in unserer Phantasie vor, dass hier zu Zeiten von Baron Roth-

Christuskirche

schild keine Straße, sondern ein Park war, was der Name der Alleestraße bestätigt, und biegen rechts in die Goethestraße ein. Hier stehen wir vor der **Evangelischen Christuskirche** (Max Schmechtel, 1935–36). Im Inneren fällt der Blick auf ein Kreuz mit einem überlebensgroßen Christus, das vom Altarraum aus den ganzen Raum beherrscht.

Durch die Schlossparkstraße gehen wir zum Ausgangspunkt unseres Rundgangs auf den Rathausplatz zurück.

Wer mit dem Zug zurück fährt, sollte am **Bahnhof** auf die Kanonenkugel achten, die bei einem Kampf im Revolutionsjahr 1849 zwischen großherzoglichen hessischen Truppen und badischen Freischaren unter Dr. Hecker auf den Bahnhof abgeschossen wurde.

Weinheim

Marktplatz – Alten Rathaus – Löwenapotheke – Ulnersche Kapelle – Evangelische Stadtkirche – Hexenturm – Gerberbachviertel – Städtisches Museum – Karmeliterkloster – Hermannshof – Kirche St. Laurentius – Schloss – Exotenwald – Molitorsches Haus – Burgruine Windeck

Von Isolde Nees

Im Lorscher Codex wurde Weinheim im Jahr 755 erstmals erwähnt unter dem Namen Winnenheim (Wino = Freund des Hauses), im Jahr 1000 bekam der Ort das Münzrecht verliehen. Im 13. Jahrhundert wurde planmäßig eine neue Stadt angelegt und mit einer Stadtmauer umgeben, sodass 200 Jahre lang eine Altstadt und eine Neustadt nebeneinander bestanden, bis sie sich 1454 zusammenschlossen.

Altstadt

Wir beginnen den Rundgang am unteren Ende des steil ansteigenden **Marktplatzes** vor dem **Alten Rathaus**, das 1557 als Kaufhaus erbaut wurde. Das stattliche Renaissancegebäude besaß ursprünglich eine offene Säulenhalle und der Keller diente als Lager für Korn, Früchte und Wein. Das repräsentative und original restaurierte Obergeschoss ist heute ein Bürgersaal. Gekrönt wird der Bau von einem Türmchen, aus dem seit 1996 ein Glockenspiel erklingt.

Vor dem Alten Rathaus befindet sich der achteckige Marktplatzbrunnen mit der roten Sandsteinfigur der Justitia.

Rund um den malerischen, von japanischen Schnurbäumen umsäumten Marktplatz, auf dem gastronomische Betriebe zum gemütlichen Verweilen einladen, stehen beeindruckende Fachwerkbauten. Wir bleiben zunächst am unteren Ende in der Hauptstraße und sehen bei Nr. 123 die **ehemalige Löwenapotheke**, einen Bau mit Krüppelwalmdach aus dem 17. Jahrhundert. Das Fachwerktraufenhaus in Nr. 117 stammt aus der gleichen Zeit und war einstmals das **Gasthaus ‚Zum Schwarzen Bären'**. Bei Haus Nr. 119 bemerken wir ein barockes Portal, darüber im schmiedeeisernen Gitter das Wappenschild der Ulner von Dieburg und darunter zwei Engelsköpfe. Es handelt sich hier um den Eingang zur

Stadtkirche

Ratskeller

Ulnerschen Kapelle, die 1368 von Hildegund von Weinheim gestiftet wurde und die Johann Schultheiß von Weinheim erbauen ließ. 28 Stufen führen hinunter in den Kirchenraum, in dem auch ein Sandsteinepitaph von 1502 zu sehen ist. Überbaut ist das Portal von einem Wohn- und Geschäftshaus mit **Jugendstilgiebel**, das 1907 von Adam Charbon errichtet wurde. Wir biegen ein in das Spiegelgässchen, dem wir ab-

● Routenstart

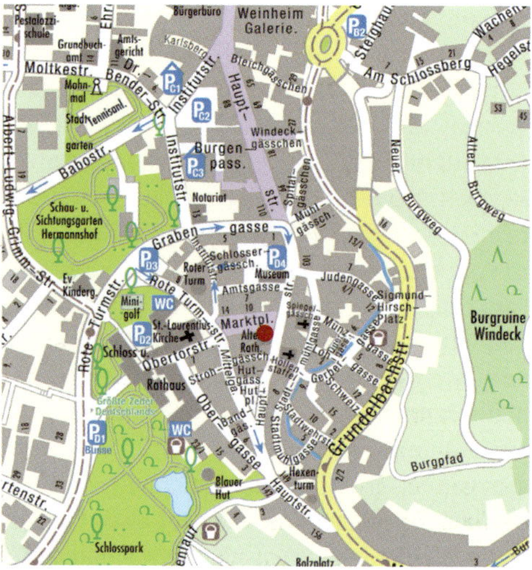

Gerberbachviertel

‚Blauer Hut'

wärts folgen, bis wir rechts in der Stadtmühlgasse Nr. 2 vor dem ehemaligen **Hospital von 1583** stehen. Der heutige Bau stammt von 1717. Wieder in der Hauptstraße stehen wir bei Nr. 125 vor der **Evangelischen Stadtkirche** der Johannisgemeinde von 1731–36 mit dem barocken Dachreiter. Das Innere des Barockbaus enthält noch zum Teil altes Kirchengestühl und acht Kandelaber schmücken die Emporenbrüstung. Weiter geht es entlang der Hauptstraße und vorbei am **Ratskeller**, einem Giebelhaus mit fränkischem Fachwerk, bis wir am Ende vor dem Eingangsportal, dem alten **Müllheimer Tor**, zum Schlosspark stehen. Wir treten kurz ein, durchqueren den Heilkräutergarten und sehen vor uns den **‚Blauen Hut'**, einen Turm der Stadtmauer von 1250–1300, der seinen Namen von einem Schieferdach erhielt. Wir kehren um, überqueren die Müllheimer Talstraße und stehen vor dem im 15. Jahrhundert erbauten **Hexenturm**, einem Wehrturm mit Verließ. Über hier eventuell stattgefundene Hexenprozesse ist allerdings nichts bekannt.

Die Grundelbachstrasse umrundet das **Gerberbachviertel**, in das wir nun einen Abstecher machen. Zunächst biegen wir ein in die

Stadtwehrgasse und dann rechts in die Stadtmühlgasse. Hier, im Schutz der Stadtmauern und am Gerberbach, standen vom 16. bis 19. Jahrhundert aneinandergereiht die Gerberhäuser mit den Lohgruben und Werkstätten. Es gab die Weißgerber, die Häute von Hirsch, Reh, Ziege, Lamm und Schaf gerbten, und die edlere Zunft der Rotgerber von Kuh, Kalb und Ochsen. In der Gerbergasse 14, erbaut 1683 lebte Pfarrer G. F. Schlatter. Der **Schumannsche Hof**, Stadtmühlgasse 3, ist eine geschlossene Anlage aus dem 16. Jahrhundert mit hölzernem Brüstungsschmuck. Gegenüber, Ecke Schweizgasse/Obergasse, sehen wir das **schmalste Haus** im Gerberbachviertel mit einer Breite von 2,35 Metern. Lohgasse 5 ist ein dreigeschossiges Traufeneckhaus und Münzgasse 8 ein massiv gemauerter Bau von 1610 mit Fachwerkobergeschoss, in dem sich die Trockenspeicher für die Häute befanden. Das **Kerwehaus,** Münzgasse 13, ist ein fränkisches Fachwerkhaus von 1559.

In der Judengasse 15–17 stehen wir vor dem **Büdinger Hof,** das der Ratsherr und Rotgerbermeister Thomas Büdinger erbauen ließ. Im Innenhof befindet sich ein Treppenturm von 1582 mit Fachwerkobergeschoss. Hier sind die Initialen des Erbauers und das Schabmesser als Zunftzeichen der Gerber zu sehen. Im Innenhof von Judengasse 9 gibt es noch Reste des Judenturms. An der Ecke Judengasse/Münzgasse, Haus Nr. 1,3,5, weisen die Wappen über dem Tor auf die **Rabenhaupt'sche** Besitzerfamilie hin, die den Hof 1652 erwarb. Das Anwesen stammt im Kern aus dem 15. Jahrhundert und wurde mehrfach verändert. Links zur Einmündung in die Hauptstraße steht bei 107

Gerberbachviertel

Büdinger Hof

Georg Friedrich Schlatter war der Alterspräsident der konstituierenden Versammlung des Badischen Landtags von 1849.

Der ‚Heimat- und Kerweverein Alt Weinheim e.V.' veranstaltet die jährlich Anfang August stattfindende Kerwe, eines der größten Volksfeste an der Bergstraße.

Kerwehaus

Städtisches Museum

> **!**
>
> Museum der Stadt Weinheim
> Sammlung zur Geschichte der Stadt, Sonderausstellungen
>
> Geöffnet
> Di–Sa 14–17, So 10–17 Uhr
>
> Tel. 0 62 01 - 8 23 34

ein Fachwerkhaus aus dem 15. Jahrhundert – Stadtschänke – mit eingeknickter Giebelseite. Wir biegen in die Hauptstraße ein, gleich wieder rechts in die Amtsgasse und stehen vor einem langgestreckten **Barockbau,** über dessen Eingangsportal ein Sandsteinwappen angebracht ist. Das Wappenschild wird von Löwenpranken gehalten und sagt aus, dass Pfalzgraf Franz Ludwig, der Hochmeister des Deutschritterordens, dieses Haus im Jahr 1710 errichten ließ. 1180 war der Deutsche Ritterorden gegründet worden. 1273 ließ er sich in Weinheim nieder und errichtete ein Ordenshaus, das mehrmals um- und angebaut wurde. 1809 wurde der Orden von Napoleon geschlossen, heute befindet sich hier das **Städtische Museum** mit Eingang auf der anderen Seite.

Wir folgen der Amtsgasse bis zum Ende, biegen links in die Institutsgasse ein und dann an der

Roter Turm

Einmündung rechts in die Rote Turm Straße. Vor uns liegt das ehemalige **Karmeliterkloster**, das 1720 auf einem Vorgängerbau errichtet wurde und seit 1802 als Katholisches Pfarrhaus dient. Über dem Eingang die **Sandsteinfigur des Propheten Elias zwischen Wappen-haltenden Putten.** Schräg gegenüber steht der **Rote Turm**, der zur Stadtmauer gehörte, um 1400 errichtet wurde und seinen Namen von dem ehemaligen mit roten Ziegeln gedeckten Dach erhielt. Im Inneren führt eine Wendeltreppe nach oben und im unteren Teil befand sich ein Verlies, das bis 1841 als Gefängnis diente.

Wir werfen einen Blick über die Grabengasse und sehen den Eingang zum **Hermannshof**, einem Schau- und Sichtungsgarten mit einer großen Auswahl an Staudenpflanzen der verschiedensten Arten und ehrwürdigen Bäumen, wie eine Riesenplatane, ein Ginkgo und ein Taschenbuchbaum. Der Garten ist nicht nur Oase und Ausflugsziel, hier werden auch wissenschaftliche Untersuchungen durchgeführt und botanische Kompositionen studiert. Das im Park gelegene Herrenhaus wurde 1820 im Weinbrenner-Stil umgebaut und ist heute ein Konferenzhaus.

St. Laurentius

Hermannshof

Obertor

Über die Mittelgasse erreichen wir den nördlichen Teil des Marktplatzes und stehen vor der majestätisch sich erhebenden **Kirche St. Laurentius**, deren erster Bau gemeinsam mit dem Karmeliterkloster im Jahr 1293 entstand. 1910 wurde die Kirche abgerissen, nur der 1850 erbaute Turm blieb stehen. Zwischen 1911–13 wurde eine neue Kirche mit dreibogiger Vorhalle erbaut. In einer Nische im Giebelfeld ist

Schloss

Der Pädagoge, Schriftsteller und Politiker **Albert Ludwig Grimm** (1786–1872) veröffentlichte als Erster eine Bearbeitung des Märchens ‚Schneewittchen' in deutscher Sprache. Er war nicht mit den Brüdern Grimm verwandt.

die Statue des Hl. Laurentius zu sehen und an den Seiten die Apostel Petrus und Paulus. Im Inneren gibt es Wandmalereien aus dem 14. Jahrhundert, Barockaltäre, eine Barock-Kanzel und das Marmorepitaph von Fürst Friedrich zu Schwarzenberg. Vor der Kirche befindet sich das Kaiser- und Kriegerdenkmal für die Kriegsteilnehmer von 1870/71.

Wir wenden uns nach rechts in die Obertorstraße. Im barockgeprägten vierteiligen Eckhaus zur Mittelgasse wohnte von 1818 bis 1838 Albert Ludwig Grimm. Das ‚Fürstenzimmer' im 1. Stock – hier verstarb 1795 Fürst Friedrich zu Schwarzenberg – zeigt noch die ursprüngliche Ausstattung mit reichen Stuckarbeiten vom Ende des 18. Jahrhunderts.

Ein kurzes Stück die Obertorstraße hinauf kommen wir zum **Schloss**, dessen Ursprung zwei Adelshöfe im 15. Jahrhundert waren. Zeugnis aus dieser Zeit ist das **Obertor**, eines der ursprünglich drei Stadttore, das durch eine

Zugbrücke gesichert war. 1537 ließ Kurfürst Ludwig V. den nördlichen Hof abreißen und erbaute das rechter Hand gelegene Renaissanceschloss. Im Sandsteinbogen über der Holztür ist die Jahreszahl zu erkennen.

Auf der anderen Seite entstand 1725 der **Südflügel**, der 1780 eine klassizistische Fassade erhielt. Wenige Jahre später ließ Graf Lehrbach 1794 ein Landschloss errichten, das durch das Obertor mit dem kurfürstlichen Schloss verbunden wurde. Im 19. Jahrhundert wurde ein Teil des Schlosses umgebaut und der **neugotische Turm** 1868 errichtet. Heute befindet sich die gesamte Anlage im Besitz der Stadt. Der angrenzende **Schlosspark** erhielt seine Form als Landschaftspark im 19. Jahrhundert und hat einen wertvollen Baumbestand, zu dem unter anderem die größte Libanonzeder Deutschlands gehört. In der Südostecke befindet sich das 1908–1913 entstandene Mausoleum der Familie von Berckheim.

Exotenwald

Eine Erweiterung des Schlossparks nach Osten bildet der zwischen 1872 und 1883 von Freiherrn von Berckheim angelegten **Exotenwald** mit einem Wegenetz, das auch für Kutschfahrten geeignet war. Den beeindruckendsten Bestand bilden die Mammutbäume, von denen einige fast 60 Meter Höhe erreicht haben. Aber man kann auch neben vielen anderen Exoten die Großblättrige Japanische Magnolie entdekken, die Sicheltanne und den Katsurabaum.

Durch die Obertorstraße gehen wir zurück in Richtung Marktplatz. An der Ecke zur Obergasse steht der **Buchersche Hof** mit Treppenturm von 1603. Und etwas weiter, das Haus Obergasse 18 war 1571 als Schulhaus errichtet, dann 1733 abgerissen und neu aufgebaut worden. In

Burgruine Windeck

Wachenburg

der Nische an der Hausecke befindet sich eine **Figur der Hl. Barbara.**

Am Marktplatz angelangt werfen wir noch einen Blick auf das Haus Nr. 18, das sogenannte **Molitorsche Haus**, einen ehemaligen Adelshof von 1344, der 1557/58 den Treppenturm erhielt. Das Haus Nr. 13 an der Ecke zur Mittelgasse ist ein Barockbau mit einer Madonnenfigur in einer Nische im Eckpilaster.

Exkursion zur **Burgruine Windeck**

Wir beginnen den Weg in der Münzgasse und kommen in etwa fünfzehn Minuten zur Ruine. Die ehemalige Schutzburg des Klosters Lorsch entstand um 1100. In die Mauer des Bergfrieds ist eine Wendeltreppe eingelassen.

Exkursion zur **Wachenburg**

Die Wachenburg entstand 1907–1928 als Gedenk- und Begegnungsstätte des Weinheimer Senioren-Convents und seiner aktiven studentischen Corps. Alljährlich an Himmelfahrt findet ein Treffen statt.

Hirschberg

Route Großsachsen

Evangelische Kirche – Alte Schule – Alte Tabakfabrik – Altes Rathaus – Markthalle – römische Villa rustica – Hotel Krone

Von Manuel Stangorra

Ev. Kirche

Erste urkundliche Erwähnung von Großsachsen war 779 als ‚Sahsenheim'. Funde belegen, dass das Gebiet bereits um 500 vor Christus von Kelten besiedelt war.
Wir beginnen an der Dorflinde gegenüber des Hotels Krone. Ein Denkmal erinnert hier an die ‚Tapferen Krieger', die im Deutsch-Französischen Krieg 1870/71 ihr Leben ließen. Ein paar Schritte weiter ist die Liste der Gefallenen des Ersten Weltkriegs zu lesen. Wir gehen die Stufen hinauf zur zwiebelturmbekrönten **Evangelischen Kirche** (Kirchgasse), deren Baugeschichte bis ins 15. Jahrhundert zurückreicht. In den Jahren 2005/06 wurde sie innen komplett renoviert. Zur Besichtigung kann man im Pfarramt gegenüber den Schlüssel holen, denn es lohnt sich: Das Ambiente der Kirche ist feierlich und licht, die Farbabstimmung äußerst gelungen, Details wie Altar, Triptychon, Taufbecken, Standkreuz und Ambo stammen von der Landauer Bildhauerin Madeleine Dietz (*1953).
Wir schlendern entlang der Kirchgasse in östlicher Richtung und entdecken bei Nr. 14 ein renoviertes Fachwerkhaus mit Bauerngarten. Ein 1897 mit Ziegeln erbautes Bauernhaus steht rechts. Nach etwa 200 Metern trifft die Kirchgasse auf den ‚Niederauer Platz', ein Hinweis auf die Partnerschaft mit Niederau/Sachsen. Hier steht ein achteckiger historischer **Straßenbrunnen**. Eingraviert ist die Inschrift „AN DOM 1688 CHVRFVERST VND PFALZGRAF BEI RHEIN PHILIPP WILHELM", die Baujahr und Stifter nennt. Zu sehen ist daneben eine alte Fuhrwerkswaage. Direkt gegenüber grüßt die **Alte Schule**, erbaut 1889/90. Heute dient sie als Musik-, Volkshochschule und Vereinshaus. Wir gehen westlich die Breitgasse hinunter zurück

Achteckiger Brunnen vor der Alten Schule

zur B3. Rechts liegt bei Nr. 5–14 die sanierte **Alte Tabakfabrik**. Heute befindet sich dort der örtliche Bürgerdienst. Nicht nur die Bewohner in Lorsch lebten zu Anfang des 20. Jahrhunderts – auf dem Höhepunkt des Tabakanbaus in Deutschland – hauptsächlich von der aus Lateinamerika stammenden Kulturpflanze. Baden war mit rund 9000 Hektar der größte deutsche Tabakproduzent.

Wir überqueren die B3. Direkt an der verkehrsreichen Kreuzung steht das **Alte Rathaus,** im für die Region typischen roten Buntsandstein erbaut. Den etwas westlich im Riedweg gelegenen Marktplatz ziert eine von neun hölzernen Balken getragene, quadratische, von Weinstökken berankte **Markthalle**. Darunter befindet sich eine historische öffentliche Wage. Wir gehen nun in westlicher Richtung etwa einen Kilometer zu den Mauerresten der römischen **Villa rustica** (Alter Weg, Flurgewann Maueräcker). Sie liegt unterhalb einer großen Holzscheune

Alte Tabakfabrik

und wurde Ende des 19. Jh. entdeckt. Der noch teils unzureichend beschilderte Weg dorthin teilt sich noch einmal. Die nördliche Variante am Gewässer „Landgraben" entlang führt rascher ans Ziel.

Das Landgut leisteten sich wohlhabende Römer, so lässt es zumindest der hohe Wohnkomfort der Anlage vermuten. Ackerbau, Viehzucht, vielleicht schon Weinanbau bildeten die ökonomische Basis. Abruptes Ende der Siedlungszeit war um 260, als der obergermanische Limes fiel. Danach siedelten Alemannen in den römischen Ruinen. Ab Mitte des 2. Jh. gab es bei der Villa rustica großzügige Umbauten. U.a. entstand ein 30 mal sieben Meter großes Fischbecken, das erhalten ist. Die repräsentative Gesamtanlage beinhaltet ein **Hauptgebäude**, ein **Tempelbau**, ein aufwändig ausgestattetes großes **Badehaus** (abgebrochen), mehrere **Keller** und Nebengebäude sowie besagten Fischteich. Etliche Bauphasen sind auszumachen. Die Therme entstand wohl im zweiten Viertel des 2. Jahrhunderts n. Chr. Etwa zehn Meter nördlich des Bads liegt das 35 m lange Hauptgebäude, das mit der Therme möglicherweise durch einen Laubengang verbunden war. Die Portikus-

Altes Rathaus

front der Villa wandte sich dem lieblichen Panorama der Bergstraße zu. Die Ausstattung war aufwendig: Reste von mehrfarbigem figürlich bemaltem Wandverputz (Amor, der nach Trauben hascht), bronzene Toilettengeräte, Fibeln, Haarnadeln, Spielsteine, Würfel aus Bein, das Fragment eines Saitenmusikinstruments sowie ein goldener und mit rotem Edelstein besetzter Fingerring fanden sich hier.

Wir gehen zurück zur B3. Das eingangs schon erwähnte **Hotel Krone** hat eine lange Tradition. 1661 wurde es zum ersten Mal als Postkutschenstation erwähnt. Es wird heute in dritter Generation geführt und Altbundeskanzler Helmut Kohl (*1930) wusste es zu schätzen: Ihm zu Ehren wurde das größte Steak ‚Rumpsteak Dr. Helmut Kohl' getauft. Auch der Kanzlerstuhl mit blaugestreiftem Polster ist erhalten. In der „Sepp-Herberger-Stube" hängen Erinnerungsfotos von der deutschen Fußballtrainerlegende Sepp Herberger (1897–1977).

Hirschberg

Route Leutershausen

Jugendstilvilla – Historische Markthalle – Fachwerkhäuser – Schloss – Wallfahrtskirche St. Johannes Baptist mit Schwarzer Madonna – Hirschberger Adelshof – Evangelische Kirche – Bibelgarten – Ehemalige Synagoge

Leutershausen wurde im Jahr 877 ersterwähnt, als der Adelige Liuthar seinen Besitz („*Husa*") dem Kloster Lorsch schenkte. Dessen Codex nennt den Ort zwanzig Jahre später „*Liuthereshusen*"; im 10. Jahrhundert war hier der Lorscher Verwaltungssitz. Eine Burgruine auf dem Schanzenköpfle, einem Gebirgssporn der *Hohen Waid,* besiedelt etwa nach 1100 (Keramikfunde!), wird als „spätsalische oder frühstaufische" Adelsburg angesehen. Die darunter gelegene Ruine Hirschburg könnte vom Familienzweig der Strahlenberger um 1200 erbaut worden sein. Sie gibt dem heutigen Ort Hirschberg seinen Namen. Ab dem 14. Jahrhundert gehört das Gebiet zur Kurpfalz.

Wir beginnen unseren Rundgang am Supermarkt, unmittelbar hinter dem Straßenbahn-

Bahnhof, schreiten die Bahnhofstraße in östlicher Richtung und erblicken bei Nr. 37 eine 1902 erbaute **Jugendstilvilla** mit Mosaik-Initialen am Eingang. Heute beherbergt sie eine kommunale Begegnungsstätte. Vorbei am „Gefallenen-Denkmal" des Ersten Weltkriegs, eines weiteren für die Opfer des Deutsch-Französischen-Kriegs von 1870/71 und der Feuerwehr biegen wir rechts in die Raiffeisenstraße und gelangen zur **Historischen Markthalle.** Hier wird samstags der Wochenmarkt abgehalten und hier steht ein Brunnen mit einer Bronzeskulptur. Kurios ist das noch erhalten gebliebene Lichtspieltheater Olympia-Kino.

Wir gehen an der Markthalle vorbei, biegen links in die Hauptstraße ein und stehen bald vor dem **Gasthaus zur Rose** mit rund 150-jähriger Schank-Tradition. Es wird in vierter Generation im Familienbesitz geführt. Das Eckhaus Nr. 1, ein besonders schönes **Fachwerkhaus,** datiert auf das Jahr 1700, hat eine wechselvolle Geschichte: seit 1781 beherbergte es die sogenannte ‚Judenschul'. Nachdem das Anwesen zwangsweise verkauft werden musste, diente es ab 1938 unter dem Namen ‚Horst-Wessel-Haus' den Gliederungen der NSDAP-Ortsgrup-

Das Lichtspieltheater
Olympia-Kino
ist seit 1952 in Betrieb. 130 Personen finden darin Platz.

Hölderlinstr. 2
Tel. 0 62 01-50 91 95

Fachwerkhaus, Hauptstraße 1

Glockenspiel

pe als Quartier. Wir gehen die Großsachsener Straße in Richtung Norden. In Nr. 14 hat sich das **Bürgermeisteramt** Hirschberg angesiedelt. Eine Besonderheit ist das über dem Eingang in einem offenen Glockenstuhl platzierte **Glokkenspiel** mit Glocken aus Meißner Porzellan. Es wurde 1996 eingeweiht und spielt dreimal täglich aus einem Konglomerat von 24 Liedern. Wir gehen zurück zur sogenannten ‚Drehscheibe' an der Bahnhofstraße und biegen links in die Vordergasse ein, der wir bis zur Schlossgasse folgen, die auf das im Privatbesitz befindliche **Schloss** der Grafen von Wiser zustrebt. Es wurde 1710–16 erbaut und die Fassade ist im oberitalienischen Stil gehalten, der Zeit im Übergang von Renaissance zu Barock. Der mit einem Walmdach versehene kubische Bau besaß ursprünglich eine Kuppel. Diese wurde 1801 wegen Einsturzgefahr durch einen klassizistischen Giebel und 1929 durch eine einfache Attikazone ersetzt. Im 1730 vollendeten Schlosspark sind elf Statuen erhalten, die griechische Gottheiten, die Jahreszeiten, Putten und die personifizierte Kurpfalz darstellen. Das Ensemble vervollständigen das Wirtschaftsgebäude, eine Zehntscheune, eine Remise, die Orangerie und die Loretokapelle. Zu besichtigen ist die Anlage lediglich am 15. August (Maria Himmelfahrt). Dann öffnet – nach einem alten Gelübde – der Schlossherr den Schlossgarten. Wir gehen die Vordergasse weiter hoch und biegen nach links ein in den Dohlweg zur katholischen **Wallfahrtskirche St. Johannes Baptist**. Das Gotteshaus wurde 1905–07 in neugotischem Stil errichtet. Der von Franz Hausch geschaffene Haupt- und die beiden Seitenaltäre gelten als besondere Werke der Holzschnit-

Schwarze Madonna

zerei. Aus der alten Loretokapelle im Schlosspark übernommen wurde unter anderem eine Kreuzreliquie von 1760 sowie die beeindrukkende **Schwarze Madonna**. Wallfahrten zu ihr sind seit 1742 belegt. Hinter der Kirche ist eine Lourdesgrotte zu besichtigen. Wir wandern die Vordergasse immer höher. Das etwa ein Oval ausfüllende alte Dorf ist durch einen beinahe ein Quadrat umschreibenden Straßengrundriss gegliedert. Im Norden die Vordergasse, im Osten die Obergasse, im Westen die Untergasse (heute Hauptstraße) und im Süden die Hintergasse (heute Martin-Stöhr-Straße). Der äußerst dicht, teilweise verschachtelt bebaute Ortskern beherbergt bäuerliche Gehöftanlagen von unterschiedlichen Grundrissformen mit hohen und steilgiebeligen Dächern. In der Vordergasse fallen einige stattliche traufständige zweistöckige Wohnbauten mit großen Einfahrten auf. Hohe Kellerfundamente, die dichte Bebauung und die engen Gassen verraten das Weinbauerndorf, in

Weinlagen
Hirschberger Sonnenberg
Großsachsener Sandrocken
Leutershausener
Staudenberg

40 Winzer sind noch am Ort tätig, davon liefern 37 ihre Riesling-, Spätburgunder-, Müller-Thurgau- und Gewürztraminer-Trauben an die Winzergenossenschaft Schriesheim.

Löwenbrunnen

dem einzelne gepflegte Fachwerkbauten manchen malerischen Winkel bilden.
Wir biegen hinter dem ehemaligen **Hirschberger Adelshof** in die Straße Am Lindenbrunnen ein und passieren das alte **Schulhaus** und das dahinter liegende **Alte Rathaus** aus dem 18. Jahrhundert. In der Unterführung rechts geht es zur malerisch auf einem Hügel über der Stadt thronenden **Evangelischen Kirche** mit angrenzendem Bibelgarten. Der Turm stammt aus der ersten Hälfte des 14. Jahrhunderts. Zwei Hirschberger Wappen an seiner Fassade erinnern an die Erbauer. Das spitze Zeltdach wurde 1811 aufgesetzt. Das dreiachsige Langhaus wurde nach Plänen von Francesco Rabaliatti bis 1783 erbaut, der polygonale Chor folgte 1898. Nebenan steht das **Pfarrhaus** von 1800. Der paradiesische **Bibelgarten** wurde im Juni 2008 eröffnet und ist in die Bereiche Glaube (blaue), Hoffnung (grüne) und Liebe (rote Schilder) gegliedert. Hier wachsen u.a. Bitterorangen-, Mandel-, Granatapfel- und Maulbeerbäume.
Wir steigen die Treppe der Meisengasse hinab und biegen links in die Obergasse, vorbei am Brunnen von 1934 auf dem Landwehrhagener Platz. Weiter durch die Martin-Stöhr-Straße se-

Martin-Stöhr (1819–1896) war königlich-rumänischer Hofbildhauer und stammte aus Leutershausen.

hen wir rechts zwei Kiwibäume als Spalierobst und in Nr. 18 (Alte Metzgerei Wetzel) befindet sich eine Madonnen-Figur im Fenstersims. Am **Löwenbrunnen** biegen wir in die Hauptstraße. Als Nr. 27 steht dort noch die **Ehemalige Synagoge.** Seit 1553 lebten hier nachweisbar Juden. 1862 erwarb die jüdische Gemeinde zwei Grundstücke am ehemaligen Schriesheimer Tor zum Bau einer Synagoge, die 1868 eingeweiht wurde. Weil die Gemeinde das Gebäude übernommen hatte, blieb die Synagoge vor der Zerstörung bewahrt. Heute dient sie – 2001 vollständig restauriert – als Kulturzentrum. Die beiden Rosenfenster von 2002 stammen vom schottischen Glaskünstler John Clark. Das Westfenster über dem Haupteingang symbolisiert mit seinem weißen Davidsstern die frühere Nutzung des Gebäudes als Synagoge. Das gegenüberliegende Ostfenster soll Optimismus ausdrücken und auf die neue Nutzung als Kulturstätte hinweisen.

Wir gehen die Hauptstraße in nördlicher Richtung ein Stück zurück und erreichen über die Friedrichstraße (links einbiegen) wieder die Bahnhofstraße, die uns zurück zum Ausgangspunkt führt.

Ehemalige Synagoge

Schriesheim

Knabenschulhaus – Fachwerkbauten – Evangelische Kirche – Strahlenberger Hof – Marktplatz – Altes Rathaus – Katholische Kirche – Zentkeller – Ölmühle – Keller eines römischen Herrenhauses – Strahlenburg

Von Isolde Nees und Robin Markowski

Weinlagen:
Schriesheimer Kuhberg
Schriesheimer Schlossberg
Schriesheimer Madonnenberg
Schriesheimer Rittersberg

Erstmals schriftlich genannt wird Schriesheim als Scriezesheim in einer Urkunde des Klosters Ellwangen im Jahr 764. Schenkungen im 8. und 9. Jahrhundert an das Kloster Lorsch weisen schon in früher Zeit auf die damalige wirtschaftliche Basis hin, auf Ackerbau, Weinbau und Mühlen.

Wir starten auf dem Parkplatz am neuen Rathaus und biegen in Höhe des ehemaligen Schaftores nach links in die Talstraße ein. Am Schafplatz geht es nach rechts und gleich wieder links in die Schulgasse, wo wir bei Nr. 3 vor dem einstigen **Knabenschulhaus** von 1718 stehen. Das Gebäude war als Kaplanei auf einem Vorgängerbau aus dem 13./14. Jahrhundert errichtet worden und diente bis 1878 als Schule. Geradeaus kommen wir zur Heidelberger Straße und sehen die beiden sich gegenüberliegenden Gasthäuser ‚Zum Goldenen Hirsch' und ‚Zum Deutschen Kaiser'. Beides stattliche **Fachwerkbauten** von 1682, die zum Grundbesitz der Adelsfamilie der Strahlenberger gehörten. Der ‚Hirsch' war ehemals eine Bierbrauerei und der ‚Deutsche Kaiser', trug den Namen ‚Gasthaus zu den zwei Schwertern'.

Blick vom Ölberg

Wir gehen die Schulstraße zurück bis zur ehemaligen Knabenschule und betreten gegenüber durch ein Tor den ehemaligen Kirchhof, den wir durchqueren und zur **Evangelischen Kirche** gelangen. Die Vorgängerkirche war um 1250 errichtet worden und dem Heiligen Veit geweiht. Sie wurde 1748 abgerissen und es entstand ein neuer Kirchenbau, dem 1835 der Turm und 1899 der Choranbau hinzugefügt wurde. Beachtenswert ist das Chorfenster von 1899 mit einer Darstellung der Himmelfahrt Christi und die Taufnische mit dem Taufstein aus grünem Mainsandstein von 1941.

Gegenüber liegt das alte Pfarrhaus von 1762, das heute als Sozialstation genutzt wird. Nachdem wir uns nach links gewandt haben, stehen wir in der Kirchstraße vor dem **Strahlenberger Hof**, der vermutlich um 1250 als Steinbau entstand, was ausschließlich dem Adel vorbehalten war. 1347 kam der gesamte Adelshof zusammen mit der Strahlenburg an den Kurfürsten Ruprecht von der Pfalz. 1550 gingen die Strahlenberger Gebäude in bürgerliche Hände über und wurden in einzelne Höfe aufgeteilt. Der Fachwerkaufbau über dem Sandsteinbogen entstand nach dem Dreißigjährigen Krieg.

Die Kirchstraße mündet in die Heidelberger Straße. Wir wenden uns nach rechts und kommen zum Ortszentrum, dem **Marktplatz**. Schriesheim war Sitz des Zents, also Gerichtsort für 29 Dörfer und zugleich wichtiger Marktort. Bis zum 19. Jahrhundert war der Platz von Gastwirtschaften umgeben. So gab es das Gasthaus ‚Zum goldenen Löwen' (heute Kaffeehaus am Markt), das Gasthaus ‚Zum Ochsen' (heute Reinigung) und das Gasthaus ‚Zur Sonne' (heute Utes Bücherstube). Der achteckige

Marktplatz mit Rathaus

Brunnen wurde 1964 zur Wiederverleihung der Stadtrechte aufgestellt. Die Reliefs im Brunnenrand zeigen Handwerker-Zunftzeichen und Handwerksszenen, die vorrangig mit Weinanbau und Kelterei zu tun haben. In der Mitte erhebt sich der Pfälzer Löwe, das Schriesheimer Wappen mit den gekreuzten Pfeilen in den Pranken haltend. Beeindruckend ist der Fachwerkbau des **Alten Rathauses** von 1684, der ursprünglich ein offenes Untergeschoss enthielt. Hier tagte der Zent, hier wurde Gericht gehalten und zugleich die Verurteilung vollzogen und hier saß auch der Schreiber, der die Abgaben notierte. An einem Stützpfeiler sehen wir die Halsfessel des Prangers. Das Dachtürmchen mit Glocke wurde dem Gebäude in der Zeit der Renaissance aufgesetzt, stammte vermutlich aber bereits aus der Gotik. Das mechanische Uhrwerk aus dem 18. Jahrhundert ist noch vorhanden. Heute befindet sich im Türmchen ein Glockenspiel von 1998.

Katholische Kirche

Das benachbarte Gebäude in der Heidelberger Straße 10 hat einen verzierten Fenstererker und stammt von 1662.

Wir wenden uns links am Stadtarchiv in die Oberstadt, folgen der Straße bis zur Stadtmauer und biegen links in den schmalen Zwinger ein. Wir gehen entlang der mittelalterlichen Stadtmauer bis zur **Katholischen Kirche** mit Dachreiter, die 1711 erbaut wurde, 1910 die Sakristei und 1925 den malerischen Turm erhielt und 1959/60 eine Veränderung erfuhr. Das über dem Eingang angebrachte Sandsteinrelief stammt aus der ehemaligen St. Veit-Kirche, die, wie man annimmt, bereits im 12. Jahrhundert erbaut wurde. Vermutlich war es ein Schlussstein und zeigt eine Darstellung des Heiligen im Kessel.

Wir gelangen nun auf einen Platz, links sehen wir das Gebäude der Winzergenossenschaft und rechts, unterhalb der Strahlenberger Schule, liegen die Eingänge zu den **Zentkellern**. Wahrscheinlich befand sich hier bereits im 8. Jahrhundert ein Adelshof, der an das Kloster Ellwangen überging, die dann den Besitz verwalteten und den Zehnten einzogen. Der ‚Kleine Zentkeller' ist noch ein eindrucksvolles Bauwerk aus dieser Zeit. 1498 entstand der ‚Große Zentkeller', der

Routenstart

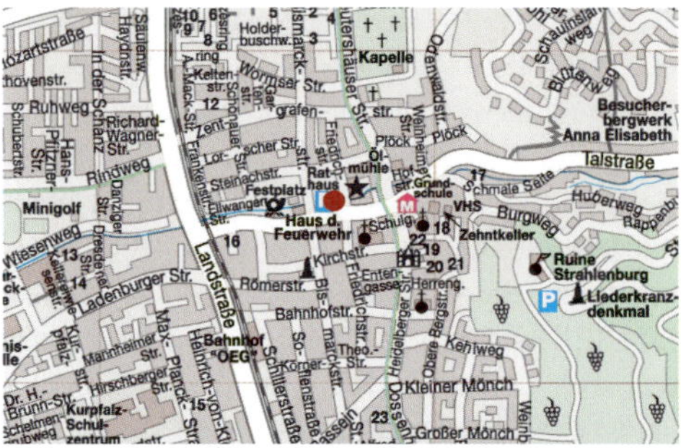

im 18. Jahrhundert einen barocken Aufbau mit Dachstuhl erhielt. An dem 1855 zur Strahlenberger Grundschule umgebauten Gebäude ist der Kern der alten Kellerei noch zu erkennen.
Wir wenden uns zur erhöht liegenden Schule, überqueren den Schulhof und finden weiter hinten eine Treppe, die wir hinaufsteigen. Oben wenden wir uns nach links, gehen bergabwärts und gelangen zur Talstraße, die wir überqueren. Wir gehen rechts am Gasthaus ‚Zur Rose' vorbei und kommen zum Kanzelbach, an dem wir nach links entlang gehen, über einen Steg, bis zur **Ölmühle**, dem letzten erhaltenen Zeugnis einer einst blühenden Mühlenlandschaft. Sie stammt vermutlich aus dem 14. Jahrhundert und wurde 1623 erstmals erwähnt.
Wir folgen weiter dem Kanzelbachweg und stehen bald vor dem 1971/72 erbauten Rathaus. Im Untergeschoss ist der gut erhaltene **Keller eines römischen Herrenhauses** eingebaut, der während der Öffnungszeiten des Rathauses zu besichtigen ist. Der davor liegende Uzès-Platz weist auf die französische Partnerschaft hin.

Ölmühle
Steinachstr. 5
Privatbesitz Familie Rufer
Tel. 0 62 03 - 61 30

Museum Théo Kerg
Der in Luxemburg geborene Künstler Théo Kerg (1909–1993) war Maler, Grafiker, Bildhauer und Glasgestalter. Er war Schüler von Paul Klee und arbeitete vorwiegend in Frankreich. Ein Querschnitt seines künstlerischen Schaffens wird hier präsentiert.
Talstr. 52
Geöffnet So 14–17 Uhr
Tel. 0 62 03 - 95 28 19
(Stadtverwaltung Schriesheim)

Exkursion

Beim Gasthaus ‚Zur Rose' in der Talstraße führt der Burgweg, zunächst scharf rechts, dann durch einen Torbogen und weiter durch die Weinberge in etwa 20 Min. hinauf zur **Strahlenburg**. Im 12. und 13. Jahrhundert erbaute Conrad I. von Strahlenberg die Burg und ließ davor eine Stadt anlegen. 1347 kam die gesamte Anlage an die Kurpfalz. Um 1500 brannte die Burg aus. Heute erhalten sind noch die Mauerreste des Palas und der mächtige Bergfried, der über eine schmale Treppe zu besteigen ist. Im Innenhof befindet sich eine tief in den Felsen gehauene Zisterne.

Strahlenburg

Ladenburg

Hauptstraße, Fachwerkbauten – Stadtmauer – Marktplatz – Neunhellerhaus – St. Galluskirche – Römisches Forum – Günthersches Waisenhaus – Bischofshof – Lobdengaumuseum – Automuseum – Handschuhsheimer Hof – Palais Preysing – Antoniusspital – Altes Rathaus

Von Isolde Nees

Im 1. Jahrhundert setzten die Römer über den Rhein und sicherten den unteren Neckar durch Kastelle. Im Jahr 98 n. Chr. erhob Kaiser Trajan die Stadt Lopodunum zur Hauptstadt in diesem Gebiet. Im 6. Jahrhundert übernahmen die Franken die jetzt Lobdenburg genannte Stadt von den Alamannen; es wurde Sitz eines Königshofs. Das Christentum hielt Einzug.

Wir beginnen unseren Weg am Parkplatz am Graben, betreten durch einen Durchgang in der Stadtmauer den inneren Bereich und durchqueren eine kleine Grünanlage, wo **kinetische Objekte** des Künstlers Hans Michael Kissel aufgestellt sind. Wir gelangen zur Hauptstraße, in die wir zunächst nach links einbiegen, stadtauswärts gehen zur im 13. Jahrhundert errichteten **Stadtmauer**. Hier befand sich das Schriesheimer Tor, durch das die Reisenden eingelassen wurden. Gleich im Anschluss, entlang der Hauptstraße, reihten sich die im Fachwerkstil erbauten Schenken und Herbergen. Wir drehen um, folgen der Hauptstraße in Richtung Stadtzentrum und stehen vor dem Haus Nr. 66 von 1596, in dem einst die städtische Badestube untergebracht war. Davor, über den mit Kopfstein gepflasterten, abgesenkten Platz, lief das Wasser aus dem Kandelbach und diente so als Pferdetränke.

Wir biegen links in die Grosse Klappergasse, kommen zum Torbogen, durch den man früher den Sickinger Adelshof betrat, biegen nach rechts in die Nadlerstraße und sehen in der Mauer am Haus Nr. 4 Einfügungen des ehemaligen Rittersaales aus dem 13. Jahrhundert und eine Konsole eines Kapellenfensters mit einem sogenannten **Aposthropheum,** einem merkwürdigen Tier, zum Abwehren des Bösen.

Hans Michael Kissel studierte nach seiner Ausbildung in Design und Bildhauerei in skandinavischen Ateliers. Er entwickelte Objekte im kinetischen Bereich, die an vielen Orten zu sehen sind.

Marktplatz mit Marienbrunnen

Zurück in der Hauptstraße blicken wir auf der gegenüberliegenden Straßenseite auf Nr. 69, den ehemaligen **Hirschberger Hof**, der mit einem gotischen Staffelgiebel versehen ist. Wir gehen stadteinwärts, gelangen zum **Haus Dannenbaum**, um 1400 erbaut und einige Male erneuert. Daneben liegt Nr. 61 mit gotischem Fachwerk, dreiseitig vorkragenden Obergeschossen und dem Schild **‚Zur Backmulde'**. Es stammt von 1388 und war früher das Wirtshaus ‚Zum Rössel'. 1707 wurde das Fachwerk im Erdgeschoss durch Mauern ersetzt. An Nr. 53 von 1692 sehen wir reizvoll geschnitztes Fachwerk und in Nr. 51 soll Zacharis Löwenthal gelebt haben, der den Aufbauverlag Löhning gründete und 1845 den Struwwelpeter verlegte.

Wir gelangen zum **Marktplatz**, der im 13. Jahrhundert angelegt wurde, von beeindruckenden Fachwerkbauten umgeben ist und beherrscht wird durch den **Marienbrunnen** (1976) mit der Mariensäule. Im Mittelalter war der Platz genau

eingeteilt. Die Häuser auf der Südseite dienten den Heilberufen, also Apotheker, Bader, Wundarzt und Hebamme. Im Westen war der Fleischmarkt und im Osten der Fischmarkt. Hier dominiert, etwas zurückliegend, der hochragende Fachwerkgiebel des **Neunhellerhauses**, einer ehemaligen Wohnburg, die im 14. Jahrhundert erweitert wurde. Der Fachwerkaufbau stammt von 1541. Die eingemauerte Kanonenkugel diente als Abwehrzauber. Der Name geht zurück auf den Erbauer, der mit einem Anfangskapital von nur neun Heller – die auf einer Tafel aufgemalt sind – großen Reichtum erwarb.
Wir biegen links in die Kirchenstrasse ein und kommen zum ehemaligen Forum. Auf den Grundmauern einer ehemaligen Basilika entstand im 8. Jahrhundert zunächst ein Marienheiligtum. Im 13. Jahrhundert wurde mit dem

Jost Neunheller (gest. 1572), wurde in diesem Haus geboren, studierte Theologie und schloss sich der Lehre Luthers an.

Neunhellerhaus

‚Zur Sackpfeife'

Bau der **St. Galluskirche** begonnen, die 1460 fertiggestellt war. Im Inneren sehen wir neben marmornen Grabmälern das Heilmannsche Kreuz, die Grabkapelle derer von Sickingen und figürliche Darstellungen von Heiligen aus dem frühen 18. Jahrhundert. Die Krypta ist noch ein Bauteil der römischen Basilika, wurde 1006 eingeweiht und im 14. Jahrhundert mit Fresken ausgestattet. An den freigelegten Quadersteinen in den Ausgrabungen neben der Kirche und an der Kennzeichnung im Straßenpflaster kann man sehen, welch riesige Ausmaße das römische Forum und die Basilika hatten. In unmittelbarer Nachbarschaft steht die **Evangelische Kirche** von 1876/1878.

Auf der anderen Seite der Kirchenstraße beeindruckt bei Nr. 45 das in Renaissance-Fachwerk erbaute Haus **‚Zur Sackpfeife'** von 1598 mit Holzgalerien und einem Innenhof. Dieses Haus war bis 1832 die Synagoge und ab 1909 die ‚Alterthümer-Sammlung', ein Heimatmuseum.

● Routenstart

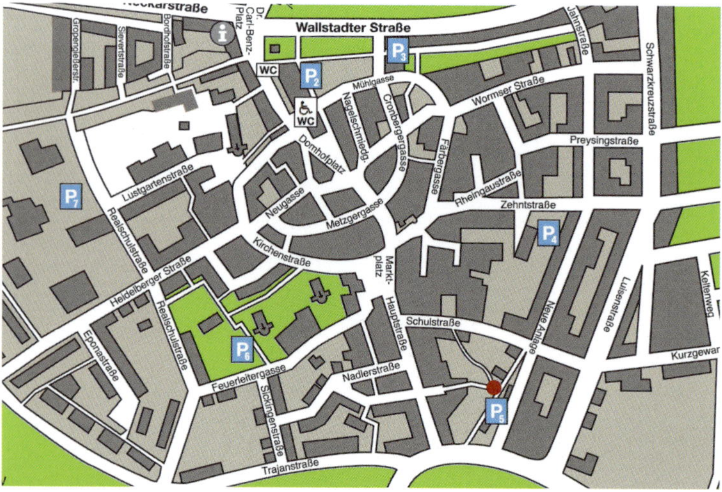

In Nr. 23 sind zwei Fachwerkhäuser von 1620 und 1750 zusammengefasst und zeigen reich verzierte Eckpfosten.
Gegenüber dem „Gasthaus zur Zwiwwel" biegen wir nach rechts in die Metzergasse ein und sehen hinter einer großen Glasscheibe Ausgrabungen mit Mauerresten des **römischen Forums** und die Rekonstruktion einer Wand der Prätoria des Steinkasells. Das Forum mit rechteckigem Grundriss, an dessen Ostseite die Basilika stand, hatte überdachte Wandelgänge, wo Handel und Handwerk betrieben wurde. Bei den Ausgrabungen in der Südstadt wurden kunstvolle aus Bronze gearbeitete Türbeschläge sichergestellt, deren Kopien ein zweiflügeliges Portal im Forumsbereich schmücken.
Wir kehren zur Kirchenstraße zurück, kommen vorbei an den Häusern der Kaplane, die in der St. Galluskirche die Seitenaltäre betreuten. Nr. 7 ist das ehemalige **Günthersche Waisenhaus** von 1770 mit der **Statue des Hl. Rochus** über dem barocken Eingang mit Chronogramm. Gegenüber betreten wir durch das Cronberger Portal ein Gelände, das auf einen fränkischen Königshof aus dem 6. Jahrhundert zurück geht. Im Lauf der Jahrhunderte wurde hier mehrfach um- und ausgebaut. Vorbei an der Dalberg-Grundschule mit römischen Ausgrabungen kommen wir zum **Bischofshof**, dessen Ursprung im 9. Jahrhundert liegt. Der Norderker stammt von 1590 und der Treppenturm von 1610. 1620 wurde der Süderker angebaut. Heute befindet sich hier das **Lobdengau-Museum**. An der bischöflichen **Hofkapelle St. Sebastian** beeindruckt der um 1050 errichtete Turm und der mit Blendarkaden gegliederte Zwischenbau. Seltsame Fratzen zur Abwehr des Bösen sind in den

Günthersches Waisenhaus

!

Das Römische Forum kann im Rahmen einer Stadtführung des Heimatbundes Ladenburg von innen besichtigt werden.

Tel. 0 62 03 - 92 26 03

!

Lobdengau-Museum
im Bischofshof

Geöffnet
Mi 14–17, Sa+So 11–17 Uhr

Tel. 0 62 03 - 92 26 03

Stein gehauen. Die Turmhaube entstand Mitte des 13. Jahrhunderts. Der Chor der Kapelle wurde 1474 errichtet. Im Inneren befinden sich Wandmalereien mit einer Jakobusdarstellung, einem Apostelzyklus mit der Krönung Mariens und dem Hl. Sebastian in der Tracht eines Edelmannes. Der Platz vor dem Bischofshof ist ein Freilichtmuseum mit römischen Pfeilern, der Sitzstufe eines Theaters, einem Brunnen und einer Jupitergigantensäule, die bekrönt ist von der Figur des **blitzeschleudernden Jupiters**.

Wir gehen die Treppen abwärts zur Hauptstraße und Neckartorplatz. Auf der gegenüberliegenden Straßenseite steht das Wohnhaus des Autoerfinders Dr. Carl Benz, das er 1905 erwarb und später um- und ausbaute. Im dahinterliegenden Park befindet sich die Nachbildung einer Burgruine, die Benz errichten ließ, um

Stadtinformation
Dr.-Carl-Benz-Platz 1
Tel. 0 62 03 - 92 26 03

St. Sebastian/St. Gallus

Automuseum

Figur am Domhofplatz

dort die ersten von ihm gebauten Automobile unterstellen zu können. Wenn wir vom Neckartorplatz durch die Bahnhofstraße in die Ilvesheimer Straße weiter gehen, kommen wir zum **Automuseum.**
Wir wenden uns nach rechts der Stadtmauer zu, wo sich ehemals ein **spätrömischer Burgus** befand, von dem noch Reste in der Einfahrt zur Tiefgarage zu sehen sind. Wir steigen seitlich neben der Ein- und Ausfahrt der Tiefgarage eine Treppe nach oben und haben von der Brüstung einen beeindruckenden Ausblick.
Wir kehren zurück zur Hauptstraße, laufen wieder stadteinwärts zu Rathaus und Domhof. Auf dem Domhofplatz sehen wir eine **Figurengruppe** (Ulrich Nuss, 1981–82) mit stadtgeschichtlichen Darstellungen. Ein römischer Soldat mit der Stadturkunde ist zu sehen und auch ein Bischof im Streit mit einem Kurfürsten. Im Verlauf der Hauptstraße biegen wir links in die Cronberger Gasse ein, der wir bis zu einem Tor auf der rechten Seite folgen. Wir durchschreiten das Tor, gehen die Treppe abwärts (Gerberstiege) und gelangen in die Färbergasse, in der früher Gerber und Färber ihr Handwerk ausübten. In Nr. 8 lebte der Färber Seiler. Der Kandelbach

Automuseum Dr. Carl Benz
Ilvesheimer Straße 26
Geöffnet
Mi, Sa+So 14–18 Uhr
Tel. 0 62 03-18 17 86

Johann von Seilern war Jurist, Kanzler und Reichsgraf. Er ermöglichte durch seine pragmatische Sanktion die Thronfolge Maria Theresias.

Jesuitenhof

floss im 20. Jahrhundert durch die Gasse zur Cronberger Mühle, heute Weinstube.
Wir machen einen Abstecher in die Rheingaustraße, sehen vor uns den **Handschuhsheimer Hof** von 1475 mit manieristischer Illusionsmalerei auf den beiden unteren Geschossen und links daneben das ehemalige **Palais Preysing.**
Wir drehen um und folgen der Rheingaustraße Richtung Marktplatz. Rechter Hand liegt das ehemalige **Antoniusspital** von 1739 mit dem Anbau einer Kapelle, in deren Nische die Figur des Hl. Antonius zu sehen ist. Gegenüber biegen wir in die Jesuitengasse ein, an der einer der ältesten Adelshöfe, der **Jesuitenhof** liegt. Er gehörte einst den Herren zu Bettendorf. Durch Torbogen oder Pforte gelangt man in den Innenhof; dort finden wir auf der Umfassungsmauer die Wappentafel. Der Treppenturm stammt aus dem 12. Jahrhundert.
An der Ecke Hauptstr 39 / Rheingaustraße steht das **alte Rathaus** von 1730, in dem heute die Volkshochschule ihren Sitz hat. In einer Mauernische ist die **‚Rathausmadonna' von 1500** zu sehen. Vom Marktplatz aus können Sie über die Hauptstraße zum Parkplatz am Graben zurückkehren.

Dossenheim

Rathausplatz – Altes Rathaus – Evangelische Kirche -– Neubergschule – Pfarrkirche St. Pankratius – Schauenburg – Steinbruch Leferenz – Schwabenheim

Von Robin Markowski

Weinlagen:
Dossenheimer Ölberg
Dossenheimer Waldsberg

Erstmals erwähnt wurde Dossenheim 766 in einer Urkunde über den Verkauf eines Weinberges an das Kloster Lorsch. Im Mittelalter war das Bergstraßendorf für seinen Weinanbau berühmt, ab dem 18. Jahrhundert gewann die Steinbruchindustrie immer mehr an Bedeutung.

Wir beginnen die Route am **Rathausplatz** mit Parkanlage, der in Bronze gegossenen zentralen Steinbrecherfigur (Robert Heckl, 1988) und dem Handwerksbaum mit den Zunftzeichen. Am westlichen Ende steht ein barockes Feldkreuz aus Buntsandstein von 1762. An der Nordseite des Platzes wurde 1954/55 das Rathaus errichtet. Im Erdgeschoss des Ostflügels befindet sich ein von Harry McLean (1908–1994) geschaffenes Glasfenster mit Wappenbildern, die die wichtigsten Stationen der Dossenheimer Ortsgeschichte aufzeigen. Auf dem daneben liegenden Friedhof von 1807 steht eine Buntsandsteinkapelle im neugotischen Stil von 1860. Die Trauerkapelle stammt von 1984/85. Östlich des Friedhofs befindet sich ein Gedenkstein an die Gefallenen von 1870/71.

Wir gehen die Hauptstraße die Steigung hinauf. Links befand sich einst der Kurfürstliche Schafhof, der bekannt war für hervorragende Züchtungen. Einige Meter weiter, an der Einfahrt zur Tiefgarage vorbei, gelangen wir links in die Rathausstraße. Hier stand ursprünglich der Kronenbergerhof, benannt nach den erzbischöflichen Amtmännern auf der Kronenburg, eine der vier Burgen, die im Mittelalter rings um den Ort gebaut waren. Wir folgen der Rathausstraße weiter, den kurvigen Wegverlauf die Steigung hinauf und kommen zum **alten Rathaus** mit Rathausuhr, Türmchen und

Der damalige amerikanische Gesandte und spätere Präsident Thomas Jefferson (1743–1826) befand sich 1788 auf einer Rheinreise und besichtigte in Dossenheim die berühmte Schaf-Angorazucht des Pfälzer Kurfürsten Karl Theodor.

Altes Rathaus/Heimatmuseum

Wetterfahne, das Anfang des 18. Jahrhundert errichtet wurde. Heute ist hier das Heimatmuseum untergebracht. In der dahinterliegenden Museumsscheune wird auf Brauchtum und altes Handwerk eingegangen. Im Hof steht eine Gedenktafel des Museumsgründers.
Weiter dem Straßenverlauf folgend kommen wir zur Drehscheibe, dem zentralen Platz des alten Dorfes. Der Name geht zurück auf ein Pferdekarussell, das ehemals während der Kerwe hier aufgestellt war. Auf der Hauptstraße wenden wir uns nach links und kommen bei Nr. 95 zum **Pfarrhaus.** Es wurde 1772 im Barockstil erbaut und hat einen über vorgelagerte Treppen erreichbarem zentralen Eingang. Links daneben ist der Wirtschaftshof, über dessen Pforte ein in Sandstein gehauenes Wappen mit gekreuzten Schlüsseln die Zugehörigkeit des Vorgängerbaus zum Wormser Domstift im Mittelalter verdeutlicht. Ein Stück weiter kommen wir zur **Evangelischen Kirche**, die in mehreren

Heimatmuseum im Alten Rathaus
Überblick von der Frühgeschichte bis heute. Neben einem Modell der Schauenburg wird das Leben und Arbeiten der Steinbrecherfamilien verdeutlicht. ‚Stoakejzln' wurden die Kinder genannt, die im Steinbruch Steine klopften. Im Keller wird der Weinanbau verdeutlicht.

Rathausstr. 47

Geöffnet
jeden 3. So im Monat
14–17 Uhr

Tel. 0 62 21-86 97 69

Ludwig Hilsheimer (1906–1985) gründete 1978 das Heimatmuseums.

Bauabschnitten auf den Fundamenten einer gotischen Bergkirche von 1375 errichtet wurde. Davor befand sich an dieser Stelle ein keltischer Mahlsteinwerkplatz, wie Funde belegen. 1931/32 wurde die Kirche um den Anbau nach Norden erweitert und dabei entstand im Vorbau zum Treppenaufgang ein bemerkenswertes Wandgemälde zum Thema Reformation von Hans Adolf Buhler.

Wir gehen ein kurzes Stück weiter entlang der Hauptstraße und biegen scharf rechts in die Wilhelmstraße ein. Etwa hundert Meter weiter steht die **Neubergschule**, ein monumentaler Gründerzeitbau von 1891/92 mit dreigliedriger Fassade und Mittelrisalit. Das Schulgebäude in der Schulstraße dahinter entstand 1910 im neubarocken Stil mit Türmchen.

Rechts geht es in die Schulstraße, dann nach etwa fünfzig Metern die Treppenstufen hinunter und gleich links die Bachstraße entlang. Am Seniorenpark biegen wir nach rechts in die Pfarrgasse ein. Das **Wohnhaus Nr. 6** wurde Mitte des 18. Jahrhunderts errichtet und diente bis 1910 als Schulhaus mit Lehrerwohnungen. Gegenüber steht das **alte Pfarrhaus**, ebenfalls Mitte des 18. Jahrhunderts entstanden, das in den 1980er Jahren erweitert und in den Seniorenpark integriert wurde.

Wir kehren zur Bachstraße zurück, biegen nach rechts ein, folgen dem Wegverlauf bis links die Kirchstraße abzweigt und sehen vor uns die **Pfarrkirche St. Pankratius**. Davor eine Madonnenstatue als Königin des Friedens. Wir steigen die Treppenstufen hinauf zur Kirche, die im neobarocken Stil (Strobel, 1923–24) als Pfeilerbasilika errichtet und dem Märtyrer Pankratius geweiht wurde. Eine Statue des Heiligen befindet sich in der Wandnische das Hauptportals. Im Inneren werden auf drei Deckengemälden von 1946 die Taufe, das Martyrium und die Verherrlichung des Heiligen dargestellt. Das rechts daneben liegende Pfarrhaus stammt von 1927/28.

Schauenburg

Exkursion

Die über Dossenheim gelegene **Schauenburg** erreicht man in etwa einer halben Stunde Fußmarsch vom Rathausplatz aus. Um 1100 vom Kloster Lorsch als Spornburg erbaut und im 14. Jahrhundert erweitert, geriet sie im 15. Jahrhundert in den Brennpunkt der Auseinandersetzung zwischen den rivalisierenden Territorialmächten Kurpfalz und Kurmainz und wurde 1460 durch Pfalzgraf Friedrich zerstört. Reste von Ringmauer, Schildmauer, Bergfried sowie Wohn- und Wirtschaftsgebäuden, die erhalten geblieben sind, wurden vom Heimatverein in den 1980er Jahren von Überwucherungen befreit, sodass der Grundriss heute wieder erkennbar ist. Von hier bietet sich ein wunderbarer Rundblick in die Rheinebene.

Steinbruch Leferenz

Exkursion

Zeugen einer vor Millionen von Jahren stattgefundenen Vulkankatastrophe sind die Quarzporphyrsteinbrüche oberhalb der Stadt. Bereits 1760 begann man mit dem Abbau des Gesteins, der bis 1984 andauerte. Heute ist der ehemalige **Steinbruch Leferenz** ein Geotop, ein Ort der Information und des Erlebens. Hier befindet sich ein Steinbruch-Museum und ein Steinbruch-Theater, in dem Mundart-Stücke aufgeführt werden. Der Dossenheimer Heimatverein bietet regelmäßig Exkursionen an.

Exkursion

Um die Burg Schwabeck entwickelte sich im Mittelalter der Weiler **Schwabenheim**, seit 1925 ein Ortsteil von Dossenheim und 3,5 km westlich direkt am Neckar gelegen. Von der Burg gibt es keine Überreste mehr, aber besuchenswert ist die Katharinenkapelle von 1726 mit kleinem steinernen Glockenstuhl. Ebenfalls einen Besuch wert ist der Naherholungsbereich um den Schwabenheimer Hof an der Neckar-Schleuse.

Heidelberg

Route Altstadt

Providenzkirche – Palais Morass – Marstallhof – Wormser Hof – Alte Universität – Jesuitenkirche – Hotel ‚Zum Ritter St. Georg' – Heilig-Geist-Kirche – Marktplatz – Kornmarkt – Schloss – Peterskirche – Karl-Theodor-Brücke

Von Charlotte Ickler

Weinlagen:
Heidelberger Dornenacker
Heidelberger Herrenberg
Heidelberger Burg
Heidelberger Sonnenseite

Verpackungsmuseum
Das in Europa einzigartige Museum befasst sich mit allen Aspekten der Verpack-ungskultur: Es wird sowohl die geschichtliche als auch die kulturelle Entwicklung der Warenverpackung betrachtet.

Hauptstr. 22 (Innenhof)

Geöffnet
Mi–Fr 13–18 Uhr

Tel. 0 62 21-2 13 61

Kurpfälzisches Museum
Zwölfbotenaltar von Tilmann Riemenschneider, Abguss des Unterkiefers des Homo Heidelbergensis

Hauptstraße 97

Geöffnet Di–So 10–18 Uhr

Tel. 0 62 21-5 83 40 20

Die Anfänge von Heidelberg stehen im Zusammenhang mit der Gründung des Michaelsklosters als Filialkloster von Lorsch im Jahr 870 auf dem Heiligenberg. 1196 wurde der Ort erstmals urkundlich erwähnt und 1225 erhielt der Pfalzgraf bei Rhein Heidelberg als Lehen. Mit der Verleihung der Goldenen Bulle und der Kurwürde im Jahr 1356 wurde das Herrschaftsgebiet von nun an als Kurpfalz bezeichnet.
Wir beginnen den Spaziergang am Bismarckplatz, überqueren die Straße an der Ampel, biegen in die Hauptstraße ein und befinden uns in der Fußgängerzone. Gleich zu Beginn passieren wir den auf der linken Seite liegenden Sitz der Rhein-Neckar-Zeitung, ein wenig später kommt auf der rechten Seite, zwischen der „Hirsch-Apotheke" und dem Kleidungsgeschäft „Pimkie" eingebettet, das Verpackungsmuseum in Sicht. Gegenüber befindet sich der Eingang zur ‚Kunstpassage', einer kleinen Seitenstraße voller Galerien. Wir folgen der Hauptstraße weiter und kommen vorbei an dem Theaterkino auf der rechten Seite und links am Psychologischen Institut der Uni Heidelberg, wo davor ein schattiges Plätzchen zu einer Verschnaufpause einlädt. Ein wenig später biegen wir rechts in die Karl-Ludwig-Straße ein und stehen vor der Evangelischen **Providenzkirche**, die 1659-61 errichtet wurde und 1738 den Turm mit Kuppel erhielt. Hier ist eine Orgel zu hören, die 1885 in der Orgelwerkstatt von Matthias Burkard hergestellt wurde.
Wir kehren um zur Hauptstraße und sehen auf der linken Seite bei Nr. 97 das **Palais Morass** mit dem Kurpfälzischen Museum. Hier wird eine umfangreiche Auswahl an Gemälden, Skulpturen und Kunsthandwerk gezeigt, und zugleich

sind Fundstücke zur Stadtgeschichte zu sehen. Zudem beherbergt das Museum den Heidelberger Kunstverein, der 2009 für seine Präsentation internationaler zeitgenössischer Werke den ADKV-Art Cologne Preis erhielt. Das Gebäude wurde 1712 von dem Adelsherrn Johann Phillip Morass als Privathaus erbaut, besitzt ein schönes Treppenhaus und Stuckdecken, und dient seit 1906 als Museum.

Weiter geht es entlang der Hauptstraße, vorbei an einem Antiquariat, bis wir nach links in die Krahnengasse einbiegen, die zum Marstallhof führt, wo sich das Antikenmuseum befindet. Den **Marstallhof** umgibt ein festungsartiger Komplex im klassizistischen Stil (Friedrich Weinbrenner, 1811), ehemals eine Kaserne, in der heute Universitätsinstitute untergebracht sind.

Wieder zurück auf der Hauptstraße passieren wir den **Wormser Hof** von Nr. 110 bis 114, dem Quartier des Bischofs von Worms. Nr. 110 zeigt

Providenzkirche

> Das **Antikenmuseum** zeigt eine Auswahl an Aspekten zu den antiken Kulturen des Mittelmeers.
>
> Marstallhof 4
> (Neues Kollegiengebäude)
>
> Tel. 0 62 21-54 25 12

Routenstart

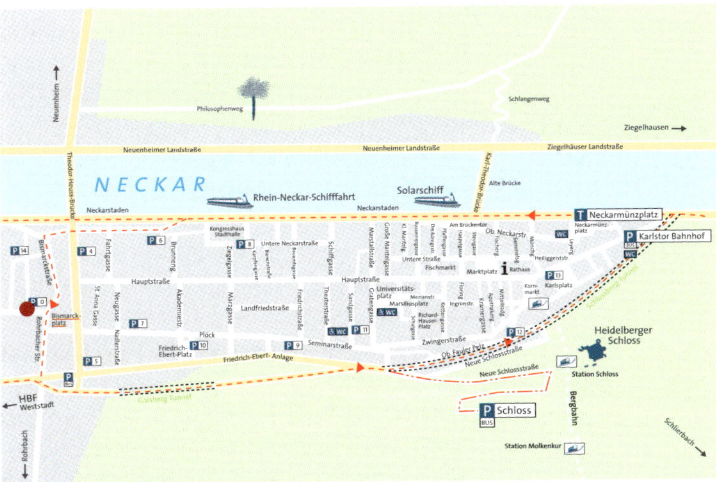

Alte Universität

einen farbenfrohen Erker und ein Renaissance-portal aus dem 16. Jahrhundert.
Wir gelangen zum Universitätsplatz mit der Domus Wilhelmiana (J. A. Breunig, 1712–15), der **Alten Universität**. 1386 verlieh der Papst das Gründungsprivileg für die dritte Universität des Deutschen Reiches an Kurfürst Ruprecht I., es wurden erste Gebäude errichtet und eine stetige Erweiterung erfolgte. Die Universität war zunächst eine Hochburg des Calvinismus, 1563 verfassten die Professoren Ursinus und Olevianus den Heidelberger Katechismus, ein heute noch gültiges Bekenntnisbuch aller Reformierten. Gleich am Anfang des Platzes liegt das Universitätsmuseum, in dem die Geschichte bildlich präsentiert wird. Nicht weit davon entfernt befindet sich der Studentenkarzer (Augustinergasse 2), dessen verrußte Wände mit unzähligen Konterfeis und Sprüchen eingesperrter Studenten vor 1914 bedeckt sind. Vor der Westfassade der Universität steht der

Löwenbrunnen, ehemals bedeutend für die Heidelberger Wasserversorgung. Der auf der Brunnensäule thronende Löwe trägt Schwert und Krone.

Wir überqueren den Platz nach links, gelangen geradeaus in die Merianstraße, der wir bis zum Richard-Hauss-Platz folgen und vor der **Jesuitenkirche** stehen. Der Bau begann bereits 1711 und wurde in drei Phasen beendet. Von 1711–1723 der Chorbereich, von 1749–1759 das Kirchenschiff und von 1868–1872 der Turm. Im Inneren sind an Wänden und auf Pfeilern Barockfiguren zu sehen. Die barocke Außenfassade zieren Figuren der Tugenden ‚Glaube, Liebe, Hoffnung' und Statuen der Begründer des Jesuitenordens in den Nischen über den Seitenportalen.

Wir gehen zurück zur Hauptstraße, der wir nun weiter folgen und gleich rechts taucht vor uns das **Hotel ‚Zum Ritter St. Georg'** auf, das 1592 im Auftrag eines französischen Tuchhändlers als Wohnhaus entstand. Die hochgiebelige Fassade ist mit Figuren und Ornamenten aus rotem Sandstein reich verziert. Das Gebäude, das sogar die Zerstörung während des Pfälzischen Erbfolgekrieges überstand, diente zeitweilig

Jesuitenkirche

Hotel ‚Zum Ritter St. Georg'

als Rathaus. Ab 1681 finden sich Erwähnungen als Herbergsbetrieb.
Wir gehen weiter bis zum Fischmarkt, biegen links ein und stehen vor der beeindruckenden **Heilig-Geist-Kirche**, die mit ihrem Turm mächtig aus dem Häusermeer herausragt. Sie wurde 1400–1410 von Kurfürst Ruprecht I. als Stiftskirche und Grablegestätte für seine Familie errichtet. Das gemeinsame Grabmal von ihm und seiner Gattin Elisabeth von Zollern ist im Chor aufgestellt. Im Inneren befand sich bis ins 17. Jahrhundert die „Bibliotheca Palatina", die auf den noch heute erhaltenen Emporen untergebracht war. Diese berühmte Renaissance-Bibliothek umfasst mittelalterliche Handschriften

Heilig-Geist-Kirche

Marktplatz mit Rathaus

Herkulesstatue

und Inkunabeln und zählt damit zu einer der wichtigsten deutschen Bibliotheken des 15. und 16. Jahrhunderts. Im Dreißigjährigen Krieg wurde Sie geraubt und dem Vatikan übergeben, wo sie auch heute noch lagert.
Wir machen einen Abstecher in die Untere Straße und dann weiter in die Pfaffengasse. Das kleine rote Haus Nr. 18 mit den weißen Fensterläden ist das Geburtshaus von Friedrich Ebert. Wir kehren zur Hauptstraße zurück und kommen zum Marktplatz. Hier steht das **Rathaus** mit seiner barocken Fassade von 1701-03, das 1886 erweitert, 1908 nach einem Brand original erneuert wurde und in dem heute die Tourist-Information logiert. Auf diesem Platz, der bereits im ersten Stadtgrundriss Heidelbergs eingezeichnet ist, dominiert die **Herkulesstatue** (Heinrich Charassky), die 1706–1709 nach dem Dreißigjährigen Krieg errichtet wurde und den Kurfürsten daran erinnern sollte, dass bei den Wiederaufbaumaßnahmen auch an das Volk gedacht werden müsse. Wir erreichen den **Kornmarkt**, auf dem früher Handel getrieben wurde. Heute ist der Platz das Herzstück des Heidelberger Weihnachtsmarktes. In der Mitte erhebt sich die **Mariensäule** mit einer Madon-

Friedrich Ebert (1871–1925) wurde 1919 zum sozialdemokratischen Reichspräsidenten gewählt.

Friedrich-Ebert-Gedenkstätte
Pfaffengasse 18

Geöffnet Di–So 10–18 Uhr

Tel. 0 62 21 - 9 10 70

Kornmarkt mit Mariensäule

nenskulptur (Peter van den Branden) von 1718. Von hier aus beginnt der Fußweg zum **Schloss**. Es besteht aber auch die Möglichkeit, den Weg hinauf mit der Bergbahn zurückzulegen. Wir überqueren den Kornmarkt, biegen in den Burgweg ein, dem wir durch ein Tor hindurch folgen, den Berg hinauf, bis wir das Schloss erreichen. Die ersten Gebäude entstanden im 12. Jahrhundert, aus denen sich nach zahlreichen Um- und Ausbauten die Residenz der pfälzischen Kurfürsten entwickelte. Besondere Berühmtheit erlangte der Ottheinrichsbau, dessen Grundstein 1556 gelegt wurde, mit seiner Fassade aus rotem Sandstein mit Pfeilern, ionischen Kapitellen, 16 Standbildern und 4 Portalfiguren. Eine Besonderheit ist das im Fassbau untergebrachte größte Weinfass der Welt, das 221.726 Liter umfasst. Die Turmanlage wurde zwar 1689 zerstört, jedoch hat das Schloss nichts an seinem Charme eingebüßt und der wunderschöne Schlossgarten, der bereits Goethe inspirierte,

bietet eine großartige Aussicht über die Heidelberger Altstadt.
Zurück nehmen wir denselben Weg, biegen aber am Ende des Burgweges links in die Zwingerstraße ein und folgen dem Straßenverlauf. Wir kommen am ‚Theater Zwinger 1' und am ‚Theater im romantischen Keller' vorbei, wenden uns nach rechts in die Seminarstraße und sehen den **‚Hexenturm'**, ein Überbleibsel der Stadtmauer aus dem 13. Jahrhundert. Gegenüber erhebt sich die **Peterskirche**, die 1196 errichtet und 1485 zu einer säulenfreien, spätgotischen Hallenkirche umgebaut wurde. 1864–1870 erhielt sie erneut einen Umbau mit Säulen, Gewölbe und Turm im neugotischen Stil und wurde in der 2. Hälfte des 20. Jahrhunderts mit Kirchenfenstern des Glaskünstlers Johannes Schreiter ausgestattet.
Der Peterskirche gegenüber liegt die Universitätsbibliothek. Sie wurde gemeinsam mit der Alten Universität 1386 errichtet und beein-

Peterskirche

Schloss
Geöffnet Mo–So 8–17.30 Uhr
Tel. 0 62 21-53 84 21

Schloss

Karl-Theodor-Brücke

druckt mit ihrer reich verzierten Außenfassade. Ein besonderer Stolz der Bibliothek ist der ‚Codex Manesse', eine Liedersammlung der ehemaligen ‚Bibliotheca Palatina'.
Wir begeben uns nun rechts in die Grabengasse, kommen zurück zum Universitätsplatz, biegen gegenüber in die Marstallstraße ein, folgen der Biegung entlang bis zum Ende. Vor uns liegt nun das Neckarufer. Wir wenden uns entlang der Neckarstaden nach rechts und gelangen zum Bismarckplatz. Unterwegs werfen wir einen Blick auf die 1903 erbaute Stadthalle, an deren Südfassade Portraits berühmter Heidelberger hängen. Heute ist sie ein Kultur – und Kongresszentrum. Ein Stück weiter sehen wir vor uns die **Karl-Theodor-Brücke**, die 1788 als Verbindungsbrücke zwischen der Altstadt und Neuenheim entstand. Auf der Brücke erinnert das Standbild von Kurfürst Karl Theodor an den Erbauer. An der stadtseitigen Auffahrt erheben sich zwei schlanke Brückentürme.

Heidelberg

Route Handschuhsheim

Universitätsgelände – Botanischer Garten – Zoo – Handschuhsheimer Schlösschen – Tiefburg – St. Vitus-Kirche – Heiligenberg

Wir beginnen den Spaziergang am Rande des **Universitätsgeländes**, der Haltestelle Technologiepark, überqueren die Straße und folgen der Hauptstraße des Campus, der Straße im Neunheimer Feld. Wir kommen an den Parkplätzen vorbei und biegen links ein. Gleich rechts sehen wir das Gebäude 234, das Institut für Geowissenschaften mit dem Museum, in dem der Unterkiefer des berühmten Homo erectus heidelbergensis bewundert werden kann. Wenige Gebäude weiter befindet sich im Gebäude 230 das Zoologische Institut mit dem Zoologischen Museum. Auf unserem Weg weiter hinein ins Gelände passieren wir die Mensa, die auch Nichstudierenden offen steht. Wir kommen vorbei am Deutschen Krebsforschungszentrum und gleich daneben am Pathologischen Institut. Nun biegen wir rechts in die Kirschnerstraße ein. Links nimmt das massive Gebäude der

Im **Institut für Geowissenschaften** befindet sich ein Museum, in dem heidelberg-typische Gesteinsarten und vor allem der Unterkiefer des berühmten Homo erectus heidelbergensis bewundert werden können. Das 1907 geborgene Fundstück galt bis vor wenigen Jahren als ältestes Fossil menschlichen Ursprungs.

Im Neuenheimer Feld 235

Geöffnet
Mo–Fr 8–17 Uhr

Tel. 0 62 21-54 60 47

Das **Zoologische Museum** zeigt die Systematik und Artentwicklung von Tier und Mensch und befasst sich umfassend mit dem Thema Artenschutz.

Im Neuenheimer Feld 230

Geöffnet
Mo–Fr 8–16 Uhr

Tel. 0 62 21-54 56 55

Ebenfalls auf dem Universitätsgelände befindet sich die **Explo Heidelberg**, ein interaktives Museum, in welchem der Besucher durch Eigeninitiative Phänomene der Naturwissenschaften entdecken und verstehen kann.

Im Neuenheimer Feld 582

Geöffnet
Mo, Mi, Fr 14–18
Sa + So 13–18 Uhr

Tel. 0 62 21-7 28 23 46

Botanischer Garten

Im Neuenheimer Feld 340

Geöffnet
Gewächshäuser:
Mo–Do 9–16, Fr 9–14,30,
So 10–12 + 13–18 Uhr

Tel. 0 62 21-54 57 83

Tiergarten
Mit dem ‚Bärenschaufenster' am Eingang

Tiergartenstr. 3

Geöffnet
März – Oktober 9–18 Uhr,
November – Februar 9–17 Uhr

Tel. 0 62 21-6 45 50

Tiefburg

Universitätsklinik mit der Angehörigenkapelle gleich zu Beginn die gesamte Straßenseite ein. Die Klinik der Universität Heidelberg wurde zeitgleich mit der Universität in der Stadt, also bereits im 14. Jahrhundert, gegründet und gehört zu den führenden Forschungszentren Deutschlands.

Weiter entlang entdecken wir auf der rechten Seite eine kleine Nebenstraße, die zum Zentrum des Campus führt. Vorbei an den Studentenwohnheimen biegen wir am Ende der Kirschnerstraße in den Hofmeisterweg ein und erreichen den **Botanischen Garten**. Unser Weg führt uns nach links in die Tiergartenstraße mit dem Eingang zum **Zoo**, der 1934 gegründet wurde und in dem heute 980 Tiere aus 162 Arten leben. Es gibt Freiflug-Volièren, ein Raubtierhaus und eine Tigerfreianlage, Affenhäuser, eine Anlage für Robben, das Küstenpanorama und den Yellow-Stone-See.

Von der Tiergartenstraße biegen wir rechts in die Straße am Neunheimer Feld ein und sehen vor dem Eingang zur Pädagogische Hochschule ein Steinmonument, in welches die Schrift „Achtzehn Buchstaben" eingraviert ist. Wir wenden uns nach links in die Berliner Straße

– rechts steht das Gebäude des Max-Planck-Instituts – und wandern entlang bis zur Dossenheimer Landstraße, die wir überqueren und in den Klausenpfad kommen. Das Gebäude mit der Apotheke an der Ecke stammt aus den 1890er Jahren. Der Klausenpfad mündet auf den Platz an der Tiefburg. Hier liegt rechts das ‚**Handschuhsheimer Schlösschen'**, dessen Treppenturm 1609 errichtet wurde. Die übrigen Gebäude entstanden im 18. Jahrhundert. 1985 errichtete man Nebengebäude und die städtische Musikschule zog ein. Der Park wird nach dem letzten privaten Besitzer, dem Engländer John Benjamin Graham, genannt. Gegenüber liegt die **Tiefburg**, eine ehemalige Wasserburg aus dem 12. Jahrhundert, die 1624 für 300 Jahre in den Besitz der Freiherrn von Helmstatt über ging. Nach der Zerstörung im Dreißigjährigen Krieg wurde sie von 1911–13 wieder bewohnbar gemacht und wird heute für Veranstaltungen genutzt.

Wir wenden uns nach rechts in die Steubenstraße und sehen links die **St. Vitus-Kirche**, deren erster Bau vermutlich aus karolingischer Zeit stammt, wovon Reste in der Östlichen Turmmauer erhalten sind. 1053–1057 entstand ein

St. Vitus-Kirche

Tiefburg
Heimatarchiv und Museum

Di + Fr 16.30–18.30 Uhr
und 1. und 3. So 11–13 Uhr

Tel. 0 62 21-40 95 84

frühromanischer Kirchenbau und um 1200 wurde sie zur dreischiffigen Basilika erweitert. Im Inneren wurden Fresken mit dem Leben Christi aus dem Jahr 1400 freigelegt. Hier befinden sich auch bedeutende Grabmäler aus dem 15. und 16. Jahrhundert.
Am Ende der Steubenstraße überqueren wir die Rottmannstraße und biegen in die Richard-Wagner-Straße ein, dann rechts in die Schubertstraße, die in die Berliner Straße mündet. Von hier aus links kommen wir zu unserem Ausgangspunkt und zur Haltestelle Technologiepark.

Exkursion

Wir erklimmen den **Heiligenberg**, der die ältesten Teile der Heidelberger Stadtgeschichte beherbergt. Hier errichteten Kelten einen noch zum Teil erhaltenen Ringwall – schon im Jahr 400 v. Chr. In der Römerzeit entstand ein Merkurtempel und auch den Christen schien dieser Berg als Ort für Heiligenverehrung ideal zu sein. Im 9. Jahrhundert wurde das Michaelskloster als Filialkloster Lorschs gegründet. Zwei Jahrhunderte später kam das Stephanskloster hinzu. Die Fundamentreste sind bis heute gut sichtbar und zeugen noch vom alten Glanz.
Von Handschuhsheim aus folgen wir dem Waldweg bis zum Chaisenweg und kommen so in etwa eineinhalb Stunden zu den Klosterruinen. Es gibt auch die Möglichkeit über den wunderschön gelegenen Philosophenweg hinauf zu gelangen. Der erstreckt sich über zwei Kilometer, die anfangs recht steil sind. Der Name des Weges stammt vermutlich aus alter Studentenzeit, als das Philosophiestudium Pflichtfach war und zu den sieben freien Künsten gehörte.

Wissenswertes

Erlebnispfade, Wanderwege

Burgenweg

Der Wanderweg verläuft durch Weinberge und Wälder oberhalb der Bergstraße in 6 Etappen an fast allen Burgen und Ruinen vorbei. Ein Gepäcktransport ist möglich.

Informationen und Prospekt: Tourismus Service Bergstrasse e.V., Großer Markt 9, 64646 Heppenheim, Tel. 0 62 52-13 11 70

Blütenweg

Der Blütenweg beginnt an der Straßenbahnhaltestelle in Alsbach und geht etappenweise bis südlich von Heidelberg über insgesamt 80 km.

Informationen und Prospekt: Tourismus Service Bergstrasse e.V., Großer Markt 9, 64646 Heppenheim, Tel. 0 62 52-13 11 70

Wein und Stein Erlebnispfad

Ein Kooperationsprojekt mit dem GEOpark Bergstraße – Odenwald

Ein Rundwanderweg, ausgehend von Heppenheim, von knapp sieben Kilometern Länge. An rund 70 Stationen lernt man vieles über Weinbau, Geologie, Klima, Geschichte, Flora und Fauna der Region.

Weinlagenwanderung Heppenheim

Auskunft und Prospekt: Bergsträsser Winzer eG, Darmstädter Str. 56, 64646 Heppenheim, Tel. 0 62 52-79 94-0

Bergsträsser Weinlagenwanderweg

Von Alsbach über Zwingenberg, Auerbach, Bensheim und Heppenheim bis zur hessisch-badischen Landesgrenze auf insgesamt 22 km Länge. Ausschilderung durch ‚Weiße Römer' mit grüner Aufschrift ‚WLW'.
Auskunft und Prospekt: Weinbauverband Hessische Bergstraße e.V., Kettelerstr. 29, 64646 Heppenheim

Nibelungensteig

Der Wanderweg von Zwingenberg bis Freudenberg am Main geht über Höhen und durch Täler, hat eine Länge von 125 Kilometern und umfasst 4000 Höhenmeter.
Prospekt und Buch: Tourist-Information ‚Blüten, Stein und Wein', Löwenplatz 6, 64673 Zwingenberg, Tel. 0 62 51-98 49 50

Erlebnispfade, Wanderwege

Weinlehrpfad Hemsbach

Auf dem Rundweg werden sieben Rebsorten vorgestellt.
Prospekt und Information: Stadt Hemsbach, Schlossgasse 41, 69502 Hemsbach, Tel. 0 62 01-7 07 87

Wein- und Naturpfad ‚Kuhberg'

Ein spannender Spaziergang auf 3 km Länge durch die Weinberglandschaft des Schriesheimer Kuhbergs unterhalb der Strahlenburg. Entlang des Weges informieren Informationstafeln über Geschichte, Weinbau und Tier- und Pflanzenwelt.
Information: Stadtverwaltung Schriesheim, Friedrichstr. 28–30, 69198 Schriesheim, Tel. 0 62 03-60 22 21

Geopark-Pfad ‚Steine – Schluchten – Sagen'

Der Wanderweg, der für geübte Bergwanderer geeignet ist, führt von Weinheim nach Schriesheim und beginnt auf der Ursenbacher Höhe.
Information: GEO-Naturpark Bergstrasse-Odenwald, Nibelungenstr. 41, 64653 Lorsch, Tel. 0 62 51-70 79 90

Weinmarkt in Heppenheim

Darmstadt:

Heinerfest, ein Vergnügungsfest mit Veranstaltungen und Feuerwerk an fünf Tagen am ersten Juli-Wochenende rund um das Schloss und den Marktplatz

Schlossgrabenfest, Musikfestival Ende Mai an vier Tagen auf Live-Bühnen rund um das Schloss.

Kunsthandwerkermarkt am 3. Wochenende im August auf dem Marktplatz

Residenzfestspiele mit musikalischem Schwerpunkt von Juli bis September auf verschiedenen Freilichtbühnen

Bickenbach:

Bickenbacher Kerb am ersten Wochenende im Oktober mit Kerbebaum, Kerberede und Veranstaltungen

Seeheim-Jugenheim:

See'mer Kerb, Mitte August im alten Ortskern Seeheims mit Festumzug

Veranstaltungen, Feste

Alsbach:

Alsbacher Kerb, Anfang September mit Kerbeumzug und Frühschoppen auf dem Rathausplatz

Veranstaltungen auf dem Alsbacher Schloss wie Konzerte und Mittelalter-Spektakel

Zwingenberg:

Weinfest an Pfingsten auf dem historischen Marktplatz

Zwingenberger Kerb, Mitte August

Bensheim:

Winzerfest, Ende August/Anfang September an 9 Tagen im Winzerdorf und in der Fußgängerzone mit Festumzug und Feuerwerk

Bachgassenfest im Ortsteil Auerbach am 2. Juli-Wochenende mit Grand Prix der Seifenkisten

Veranstaltungen auf Burg Auerbach wie Rittermahl, Nachtturnier und Schloss in Flammen

Auerbacher Kerb im Oktober mit Festumzug

Lorsch:
Johannisfest am Wochenende um die Johannisnacht mit Vergnügungspark, Festzelt-Programm, Kunsthandwerkermarkt und Feuerwerk
Kerb mit Bier- und Weindorf Mitte September

Heppenheim:
Gassensensationen in der Altstadt im Sommer, mit Künstlern aus aller Welt, die ihre Inszenierungen zeigen
Heppenheimer Weinmarkt in der Altstadt an 10 Tagen ab dem letzten Wochenende im Juni mit Konzert-Angeboten und Krönung der Weinkönigin
Festspiele ‚Theater im Hof' von Juli bis September im Kurmainzer Amtshof

Zwingenberg, Bensheim, Heppenheim:
Weinlagenwanderung am 1. Mai mit zahlreichen Weinständen in den Weinbergen

Hemsbach:
Wein- und Blütenfest, Mitte Mai
Hemsbacher Kerwe über den ersten Sonntag im August

Hirschberg:
Heisemer Straßenfest, Anfang Juli in Leutershausen, Straußwirtschaften, musikalische Unterhaltung und Seifenkistenrennen
Heisemer Storchekerwe in Leutershausen, Ende September

Laudenbach:
Laudenbacher Froschkerwe am ersten Wochenende im September

Weinheim:
Weinheimer Kerwe am zweiten August-Wochenende mit Riesenrad, illuminiertem Schlosspark, traditionellen Bräuchen und Live-Musik
Weinheimer Herbst, Ende September mit Provence-Markt, Bauernmarkt und verkaufsoffenem Sonntag
Kultursommer mit musikalischen Highlights auf mehreren Bühnen rund ums Schloss.

Schriesheim:
Mathaisemarkt, großes Frühlingsfest in den ersten Märzwochen mit Fahrattraktionen und Festzelten
Stadtfest im Juli am Platz vor dem Rathaus

Veranstaltungen, Feste

Ladenburg:

Altstadtfest am zweiten Wochenende im September mit buntem Flohmarkt

Dossenheim:

Dossenheimer Kerwe am dritten September-Wochenende mit Holzäpfeltanz und Bannweidgericht

Heidelberg:

Stückemarkt, das Theaterfestival im Frühsommer
Heidelberger Herbst, Ende September in der Altstadt mit Kunsthandwerkermarkt und Flohmarkt
Verschiedene Aufführungen auf der Thingstätte, einer Freilichtbühne auf dem Heiligenberg
Schlossfestspiele an der Ruine des dicken Turms im Heidelberger Schloss

Quellenverzeichnis:

- 1200 Jahre Schriesheim. Festschrift. Hrsg. von der Stadt Schriesheim. 1964.
- Abele, Ursula: Rundgang durch Schriesheims Altstadt. Hrsg. von der Stadt Schriesheim. Vöhringer 2002.
- Bensheim. Spuren der Geschichte. Hrsg. von Manfred Berg und Rainer Maaß. Weinheim: Diesbach 2006.
- Berg, Manfred: Bensheim erleben – Ein Führer zu den historischen Sehenswürdigkeiten. Weinheim: Edition Diesbach 2002.
- Bergsträsser Weinlagenweg. Broschüre. Hrsg. vom Weinbauverband Hessische Bergstraße e. V.
- Das Auerbacher Schloss. Im Wandel der Zeiten. Broschüre. Bensheim: Zimmermann.
- Die Bergstraße – Burgenweg + Blütenweg. Broschüre. Hrsg. vom Tourismus Service Bergstrasse e. V. Großer Markt 9, 64646 Heppenheim.
- Griesbach-Maisand, Dieter u.a.: Kulturdenkmäler in Hessen: Kreis Bergstraße 1. Stuttgart: Theiss 2004.
- Gröschel, Claudia: Staatspark Fürstenlager. Edition der Verwaltung der Staatlichen Schlösser und Gärten Hessen. 1996.
- Heidelberg Guide. Broschüre. Hrsg. von der Heidelberg Marketing GmbH.
- Hereinspaziert – Weinheim lädt ein. Broschüre. Hrsg. vom Stadt- und Tourismusmarketing Weinheim e. V.
- Hess, Heinrich: 1200 Zwölfhundert Jahre Mark Heppenheim. Hrsg. vom Magistrat der Kreisstadt Heppenheim. Heppenheim 1973.
- Hoffmann, Karl; Beedgen, Rainer: Ladenburg. Ein Streifzug durch die Jahrtausende. Braus 1994.
- Hucke, Johannes: Bergstrasse Weinlesebuch. Karlsruhe: Info 2009.
- Kulturelle Entdeckungen Odenwald/ Bergstraße. Hrsg. von der Sparkassen Kulturstiftung. Darmstadt: Darmstädter Echo Verlag und Druckerei GmbH 1995.
- Thiel, Barbara: Weinheim erleben. Ein Führer durch die lebendige Zweiburgenstadt. Weinheim: Edition Diesbach 2006.

Fotoverzeichnis:

Titelbild zusammengestellt aus Fotos von: Heidelberg Marketing GmbH, Günther Jockel, Stadt Bensheim, Stadt Heppenheim, Stadt Lorsch, Stadt Zwingenberg, Nikolaus Heiss

Umschlag Übersichtskarte Luftaufnahmen – Nikolaus Heiss,
Aufnahme Heidelberger Schloss – Heidelberg Marketing GmbH

Luftaufnahmen Seite 9, 20, 27, 31, 35, 40, 44, 45, 49, 57, 65, 70, 79, 85, 90, 94, 98, 99, 112, 116, 124, 125, 134, 142, 153, 158, 164, 169, 170, 179 von Nikolaus Heiss

Vorspann Seite 8: Stadt Heppenheim

Darmstadt Seite 10, 11, 12, 13, 14, 15, 16, 17, 18, 19, 21 rechts, 22, 23 oben rechts, 24, 25, 26, 28, 29, 30 von Nikolaus Heiss, Seite 21 links, 23 oben links, 23 unten, 26 oben von Claus Völker

Seeheim-Jugenheim Seite 32, 33, 34, 36, 37, 38, 41, 42, 43, 46, 47, 48 von Günther Jockel
Seite 35, 44, 47 von Nikolaus Heiss

Bickenbach Seite 51, 52, 53, 55 – Gemeinde Bickenbach

Alsbach-Hähnlein Seite 58, 60, 61, 62, 63, 64, 67, 68 – Landkreis Darmstadt-Dieburg

Zwingenberg Seite 72, 73, 74, 75, 76, 77 – Stadt Zwingenberg

Bensheim Seite 80, 81, 82, 84, 87, 95, 96, 97 – Tourist Information Bensheim
Seite 91, 94 von Nikolaus Heiss

Lorsch Seite 101, 104, 105, 106, 107, 109 – Stadt Lorsch
S. 101 – Herbert Matern, 102 – Norbert Weinbach, 102 – Michaela Ludwig-Gross, 104 – Walter Schumacher
S. 103, 107, 108, 109, 110 – Entwicklungsgesellschaft Lorsch mbH

Heppenheim Seite 113, 114, 115, 118, 122, 123 – Stadt Heppenheim

Laudenbach Seite 126, 127, 128, 129, 130, 131, 132, 133 von Manuel Stangorra

Hemsbach Seite 135, 136, 137, 138, 139, 140, 141 – Stadt Hemsbach

Weinheim Seite 143, 144, 145, 146, 147, 148, 149, 150, 151, 152 – Stadt- und Tourismusmarketing Weinheim e. V.

Hirschberg Seite 155, 156, 157, 159, 160, 161, 162, 163 – Bürgermeisteramt Hirschberg
Seite 154, 159, 160, 161, 162, 163 von Manuel Stangorra

Schriesheim Seite 165, 167, 168 – Stadtmarketingbüro Schriesheim, Seite 169 Nikolaus Heiss

Ladenburg Seite 172, 173, 174, 175, 176, 177, 178 – Stadt Ladenburg

Dossenheim Seite 181, 183, 184 – Heimatmuseum Dossenheim

Heidelberg Seite 185, 187, 188, 189, 190, 191, 192, 193, 194, 196, 197 – Heidelberg Marketing GmbH

Anhang Wissenswertes Seite 199, 200, 203, 204 – Stadt Heppenheim

Karten und Pläne:

Darmstadt Seite 12, 21, 28 – Stadtkartographie Darmstadt
Alsbach-Hähnlein Seite 59 – Gemeinde Alsbach-Hähnlein
Zwingenberg Seite 71 – Stadt Zwingenberg
Bensheim Seite 81 – Lindenmayer+Lehning Grafikdesign
Lorsch Seite 100 – Werbeatelier G-Design, Bürstadt
Heppenheim Seite 114 – Lindenmayer+Lehning Grafikdesign
Hemsbach Seite 136 – Copyright ULI EHRET
Weinheim Seite 144 – Stadtverwaltung Weinheim
Schriesheim Seite 168 – BVB Kartographie- und Praxismarketing
Ladenburg Seite 174 – Stadt Ladenburg
Heidelberg Seite 187 – echtweiß / Corporate Design